- 海上丝绸之路与广西区域发展研究院"国际减贫视域下中国与澜湄国家减贫合作问题研究"（2019ZD002）课题资助

小康工程之精准扶贫系列丛书

国际减贫视域下中国与澜湄国家减贫合作研究

王洪涛 凌静怡 / 著

西南财经大学出版社
Southwestern University of Finance & Economics Press
中国·成都

图书在版编目(CIP)数据

国际减贫视域下中国与澜湄国家减贫合作研究/王洪涛,凌静怡著.—
成都:西南财经大学出版社,2020.12
ISBN 978-7-5504-4717-2

Ⅰ.①国…　Ⅱ.①王…②凌…　Ⅲ.①扶贫—国际合作—研究—中国、东南亚
Ⅳ.①F125.4②F133.054

中国版本图书馆 CIP 数据核字(2020)第 249380 号

国际减贫视域下中国与澜湄国家减贫合作研究

GUOJI JIANPIN SHIYU XIA ZHONGGUO YU LAN-MEI GUOJIA JIANPIN HEZUO YANJIU

王洪涛　凌静怡　著

责任编辑	王利
封面设计	何东琳设计工作室
责任印制	朱曼丽
出版发行	西南财经大学出版社(四川省成都市光华村街55号)
网　址	http://www.bookcj.com
电子邮件	bookcj@foxmail.com
邮政编码	610074
电　话	028-87353785
照　排	四川胜翔数码印务设计有限公司
印　刷	成都金龙印务有限责任公司
成品尺寸	170mm×240mm
印　张	12.5
字　数	221 千字
版　次	2020 年 12 月第 1 版
印　次	2020 年 12 月第 1 次印刷
书　号	ISBN 978-7-5504-4717-2
定　价	78.00 元

序　言

　　贫困与人类社会相伴而生。21 世纪，贫困问题已经成为全球广泛关注的问题，学者们对贫困也进行了广泛研究，国际社会对反贫困进行了大量的实践。2004 年世界银行发布的《世界发展指标》（*World Development Indicator*）相关数据表明，1981—2001 年，得益于 20 世纪 80 年代各国减缓贫困的努力，按照每天生活费不足 1 美元的绝对贫困标准，发展中国家的绝对贫困人口总数从 15 亿减少到 11 亿，但是撒哈拉以南的非洲等地区的绝对贫困人口反而从 1.64 亿增加到 3.14 亿，几乎增加了一倍，另外，20 世纪 90 年代以后，全球绝对贫困人口只减少了 1.2 亿，减贫速度放缓。

　　关于贫困，目前国际社会的普遍共识是：其不仅是经济问题，更是事关生存、人权、安全、尊严和健康的关键要素。摆脱贫困也被认为是国家对其人民所必须承担的无可推卸的基本责任。关于反贫困，国际社会普遍认为，发达国家有为发展中国家减贫提供必要的物质援助和经验参考的责任，"减贫"与"反贫困"需要突破国家层面的范畴与局限，国际减贫合作成为未来全球层面反贫困的必经之路。

　　2015 年 9 月 25 日，在联合国可持续发展峰会上，与会的 193 个成员共同通过了《2030 年可持续发展议程》，这是联合国可持续发展事业的最新成果与世界各国（地区）的重要共识，具有权威性和广泛认同度。该议程确定了 17 项代表着人类共同愿景的可持续发展目标，其中第一个目标就是"在全世界消除一切形式的贫困"。作为联合国的下属机构，联合国开发计划署（The United Nations Development Programme，UNDP）自 1965 年成立以来便成为全球最大、最权威的多边无偿援助机构，为 170 多个合作国家提供知识、经验和资源，帮助人们创造更加美好的生活。二战结束之后，国际减贫合作实践取得了一定的成效，但是在 20 世纪八九十年代，发展中国家的平均经济增长率甚至要低于 20 世纪六七十年代，发生危机的频率也更高，国际社会减贫合作的成效受到一定程度的质疑。2020 年，全球爆发了新型冠状病毒疫情，全球经济增长速度急剧下降，世界贸易急剧萎缩，联合国推进消除人类贫困的进程受到一定程度的阻碍。根据世界银行预测，疫情造成的收入损失，将使全球6 000万正在摆脱贫困的人重新被推到贫困线下，且未来我们有可能面临的是长期性和周期性的全球公共卫生危机。这不仅使得传统的依靠经济增长和贸易发展带来益贫性发展的道路不断收窄，而且逆全球化势力不断增强，导致全球农产品和消费必需品产业链的供应中断，大量劳动人口因疫返贫、因疫失业。未来国际社会达成最大限度的合作，共同减缓疫情带来的全球经济衰退，促进世界尤其是贫困地区的民生和就业是亟须推进的全球重大事项。

中国通过改革开放和实施大规模扶贫开发，因地制宜地走出了一条符合本国国情的减贫之路，使得国内的绝对贫困人口数量在大幅减少。根据世界银行统计，目前已有超过8.5亿中国人摆脱了极端贫困，中国对全球减贫的贡献率超过70%。2015年，中国率先实现了联合国千年发展目标中的贫困人口减半目标，在2020年消除了绝对贫困现象。中国走出了一条具有中国特色的减贫道路，谱写了人类反贫困史上的辉煌篇章。但是，截至2019年末，中国仍有551万绝对贫困人口，贫困发生率0.6%，这就使得"消除绝对贫困和实现全面建成小康社会"这两大历史任务成为2020年举国奋斗的目标。不过，正如习近平总书记指出的，"2020年全面建成小康社会之后，我们将消除绝对贫困，但相对贫困仍将长期存在"。这就表明，无论是国外还是中国国内，未来很长一段时间内仍然需继续打好反贫困战争。另外，在2020年抗击新型冠状病毒疫情的策略上，不同于欧美采用减少人传人以推迟峰值出现时间、压平传染曲线的"持久战"方式，中国采用了消灭新型冠状病毒肺炎的"歼灭战"方式。这种方法短期内需要付出极大的成本，却防止了经济地位非常脆弱的刚脱贫的人口和收入在国家贫困线附近的边缘人口出现大规模因病返贫、因疫返贫的情况，将疫情带来的负面影响降至最低，减少了疫情带给社会的"次生伤害"，为后续实现"消除绝对贫困和实现全面建成小康社会"奠定了坚实基础。在不断实现自身减贫、扶贫目标的同时，作为同世界粮农组织共同开展"南南合作"的首批国家之一，中国还始终坚持减贫领域的国际合作交流，积极致力于帮助广大发展中国家应对贫困问题。中国通过"一带一路"倡议等多个合作框架，将自身在减贫领域的成功经验积极同广大发展中国家分享，携手推动人类命运共同体建设。

自二战结束以来，澜沧江—湄公河流域地区（简称"澜湄地区"）一直是国际社会开展减贫工作的重点区域，不仅域外国家如日本、美国、韩国等纷纷对澜湄地区施以援手，一些国际组织如世界银行、联合国、亚洲开发银行等也以多种形式对澜湄地区的减贫工作付出了诸多努力，取得了不同程度的效果。尽管澜湄地区的国际扶贫合作取得了一定成绩，贫困问题却仍然突出。究其原因，除了澜湄地区本身经济基础薄弱外，各种合作机制在本地区的相互竞争，域外大国在本地区的角力，各国政局复杂，项目合作面临环境影响评估压力以及合作缺乏系统规划和评估等诸多因素阻碍了澜湄区域国际减贫合作的开展。中国推进与澜湄国家减贫合作，能够进一步深化中国与湄公河流域5国（为了论述准确，研究中提到的澜湄国家指的是不包括中国在内的柬埔寨、老挝、缅甸、泰国和越南五个国家。如果表述为澜湄六国，则将中国包括在内）间的关系，有利于促成澜湄区域合作机制跟"一带一路"建设有机对接，能够促进各国加强基础设施建设并由此提高区域经济发展水平，最终推动国际减贫合作框架下区域的减贫进程，加快中国—东盟命运共同体建设和"一带一路"倡议在湄公河流域国家落实。同时，对中国与澜湄国家减贫合作的研究，有助于为中国进一步参与国际减贫探索出一条新的路径。

本书以国际减贫理论为基础，以国际减贫实践为主线，以澜湄国家的贫困与反贫困行动为核心，在梳理中国反贫困的理论与实践后，探讨中国与澜湄国家的减贫合作现状、问题与成效，最后有针对性地提出推进中国与澜湄国家合作的对策建议。以下介绍本书五个方面的特点和创新之处。

一是研究视角独特。目前国内外对澜湄区域的研究主要聚焦于如何在澜湄合作机制框架下推进中国—东盟合作，如何深化澜湄合作机制，如何评价澜湄合作机制的积极影响，以及区域跨境安全治理及资源分配和澜湄流域水资源的跨境合理分配等问题。本书从国际减贫视角研究澜湄国家减贫合作问题，视角独特，且突破了将某国或某一区域减贫问题作为研究对象的传统。本书详细介绍了自20世纪中期以来，世界各国学者提出的关于贫困的成因，动态贫困，经济增长、收入分配与贫困，贸易自由化与贫困等国际减贫理论和联合国开发计划署、世界银行、亚洲开发银行等国际组织提出的国际减贫理论，针对世界各国政府和国际组织在实践领域关于贫困人口认定、人力资本投资、公共基础设施建设和小额信贷等反贫困政策与措施等进行了详细分析。这些国际减贫理论以及国际减贫合作实践的经验与启示，对于我们深入研究与澜湄国家的减贫合作具有重要的参考价值。

二是理论分析科学。作者在实践经验国际减贫合作理论的基础上，系统梳理了中国的反贫困理论与实践，提出了新时代精准扶贫理论的科学体系，全面回顾了中国参与国际扶贫开发项目实践经验，客观地总结了中国在国际减贫领域的贡献。在对中国与澜湄国家减贫合作的成效进行分析时，基于对贫困变动相关理论和投资与援助对东道国经济增长的影响相关理论的分析，提出了中国的援助与投资对澜湄国家减贫的影响路径并客观地评估了中国对澜湄国家援助及投资的减贫效应，构建了科学的理论分析框架。

三是现实分析全面。作者从人均国民收入指标、贫困指数和贫困差距指数等不同贫困标准出发，详细分析了澜湄6个国家的贫困现状，同时认为，历史上的殖民地影响、经济体系边缘化、无益贫式经济增长、吸引外资偏少和自我减贫意识薄弱等诸多因素是造成澜湄国家贫困的根本性因素。另外，本书从双边减贫合作机制和多边减贫合作机制两个方面分析了当前澜湄国家与国际社会的减贫合作行动机制。本书中，无论是对澜湄6国贫困现状的研究，还是对贫困原因的研究，抑或是对当前澜湄国家国际减贫机制，中国与澜湄国家减贫合作基础、模式与成效的研究都较为客观和全面。

四是问题分析透彻。作者在分析澜湄国家贫困产生深层次原因的基础上，认为贫困是澜湄国家面临的共性问题，中国具有对澜湄国家提供减贫经验的能力，并深入研究了当前中国与澜湄国家减贫合作的主要模式、路径和成效。同时，对推进中国与澜湄国家减贫合作的潜在风险、成员国诉求利益存在差异化、合作机制与其他机制存在竞争、其他成员国对中国存在信任不足、中国在澜湄区域国家的软实力不强、传统经济增长的益贫效应减弱和贫困理论对国际减贫合作的支撑有限7个核心问题的分析较为透彻。

五是对策分析科学。作者基于中国与澜湄国家减贫合作存在的问题与面临的挑战，科学地提出了倡导减贫合作新理念、合理管控与澜湄国家合作风险、疏导与澜湄国家减贫合作中的机制拥堵、促进澜湄国家内部关系协调发展和积极创新减贫合作机制等推进中国与澜湄国家减贫合作的理念与路径。作者基于国际减贫合作视角，给出了中国与澜湄国家减贫合作总体思路和减贫合作的"一国一策"推进策略。最后，为达到长期减贫合作成效，作者从树立共同的核心价值观念、精心做好顶层设计、提升减贫合作的社会效益、增加民间力量的参与比例、注重减贫合作的人文交流和加强减贫合作中的文化塑造6个方面给出了推进中国—澜湄国家命运共同体建设策略。

澜湄国家为实现联合国《2030年可持续发展议程》当中提出的"消除一切形式的贫困"目标，还需要继续探索与实践。这也需要更多学者参与到澜湄国家减贫合作研究当中，对澜湄国家贫困与减贫合作等相关问题展开系统性的深入研究，构建更加科学和完整的国际减贫理论体系，积极指导澜湄国家推进减贫合作更有成效地发展。

专此赘述，是为序！

潘慧
（广西财经学院副院长、教授，
广西壮族自治区人民政府特聘专家）
2020年9月28日

目　录

第一篇　国际减贫理论

第二篇　国际减贫实践

第三篇　中国的反贫困理论与实践

第四篇　澜湄国家贫困现状
和参与的国际减贫合作行动

第五篇　中国与澜湄国家
减贫合作基础、模式与成效

第一篇　国际减贫理论

第一章 与贫困相关的国际减贫理论

联合国开发计划署《全球多维贫困指数》报告数据显示，截至 2019 年底，全球仍有 13 亿极端贫困人口，但已远低于 1990 年的 19 亿。从这一数据来看，全球看似实现了减贫目标，但世界各国的减贫速度和减贫程度不一。84.5% 的极端贫困人口生活在撒哈拉沙漠以南的非洲和南亚地区，而在这两个地区，各国（地区）之间和各个国家（地区）内部之间的差异非常明显，澜湄国家成为南亚地区贫困发生的重点区域。全球贫困现象依然严峻，表现出相对贫困和绝对贫困并存、不同地区存在严峻的贫困分化、落后地区人口增长过快等现象。

世界贫困问题已经严重影响和制约了全球和平与稳定发展。目前联合国已经将贫困问题列为影响世界发展的首要问题，要求各国都必须充分重视贫困问题，为解决贫困问题而共同奋斗。饥饿和疾病困扰了世界贫困人口，甚至威胁着贫困人口的生存权和发展权。帝国主义者和殖民主义者在 20 世纪初大肆进行扩张，剥削和奴役了世界上的欠发达国家和地区及其人民，也导致全球贫困人口与日俱增，甚至出现全球经济衰退的情况。第二次世界大战结束后，原本的殖民体系被瓦解，亚、非、拉国家获得政治独立以后，国内政治和经济都得以恢复和发展。但在遭受了殖民者的大肆掠夺以后，这些国家在缺乏良好经济根基的情况下，表现出较为严重的贫困问题，且经济发展较为缓慢。第二次世界大战结束后，虽然发达国家经济得到了快速发展，但其国内也存在极为显著的贫富悬殊问题，这使得发达国家内部也存在大量的贫困人口。

世界各国对贫困问题十分关注，许多国家都将消除贫困作为经济发展的重要目标。自 20 世纪中期以来，世界各国学术界和实务界就对贫困问题进行了深入的探索，提出了一系列反贫困的理论，联合国开发计划署、世界银行、亚洲开发银行等国际组织也将贫困问题作为研究的重点领域，世界银行和联合国开发计划署分别发布的《世界发展报告》《人类发展报告》中，都详细分析过全球贫困问题。联合国《2030 年可持续发展议程》第 1 项提出，到 2030 年，在全球范围内消除一切形式的贫困。报告也对这一目标的落实情况进行了评估。国际社会提出的反贫困理论对全球反贫困事业具有重要的参考价值。

一、贫困成因理论

为何会出现贫困？贫困往往涉及哲学和经济层面的问题，学者们从不同领域出发研究致贫原因，得到了不同的解释，提出的消除贫困的方法与对策也各异。一些理论认为市场机制不完善是形成贫困的主要原因，因此推动市场机制完善发展，进一步扩大市场有利于消除贫困。一些研究认为市场力量和贫困的形成有着千丝万缕的联系，这就要求政府加大力度管制市场。不同理论学说的研究侧重点各有不同，提出的研究成果互为补充或者互相冲突，但这些理论在针对不同类型的贫困及其成因的解释上有各自的优势。事实上，即使是同一个贫困现象，引发贫困的因素也多种多样，且不同因素对形成贫困的影响程度各有不同。因此，凭借单一理论来解释贫困现象并不现实。几乎所有的贫困理论都能从某个角度出发找到贫困的原因，给出相应的解释。因此，构建一个综合性的分析框架是探讨贫困成因的关键。

贫困是什么？只有在解答了这一问题以后，才有助于对贫困程度的判断和贫困原因的分析，并在此基础之上找到减轻贫困的方法与对策。作为第一个研究贫困问题的学者，英国人马尔萨斯认为人口的不断增长所导致的劳动效率降低、生态环境退化和社会总储蓄减少会带来经济增长速度下降，是贫困产生的根源。1956年，美国经济学家纳尔逊在深入研究发展中国家人口增长速度和资本人均构成关系及产业产出和人均增长关系时，通过对比提出了"低水平均衡陷阱理论"。印度学者阿玛蒂亚·森认为低下的生产力和能力缺乏是造成贫困的主要成因。1944年，奥地利的罗森斯坦·罗丹在《经济落后地区的国际化发展》一书中，提出国家层面主导在全国范围内进行投资是一个国家摆脱贫困的唯一方式。

学术界关于贫困成因相关理论的研究十分丰富。一些学者认为，贫困是穷人自身偏好选择的结果；部分学者认为，市场的不完善和未受到有效约束导致了贫困的发生；还有学者认为，在不能充分约束市场力量的情况下就会出现贫困。此外，学者们研究发现，造成贫困的原因较多，例如政策干预发生扭曲、资源匮乏、社会制度不科学等都是导致贫困的重要原因。学者们对于贫困成因所提出的理论各有侧重，理论之间也存在一定的互补性。虽然某些理论不能完全解释贫困发生的原因，但大部分的贫困成因理论都能够找到现实依据（Blank，2003）。

Sen 认为，从某种意义上来看，贫困只是穷人的特征，因此，人们在探讨贫困的概念时，往往集中于研究穷人的福利（Sen，1981）。只有找到处于贫困状态中的个体，找到分布于不同群体中的贫困人口，才能有针对性地制订和执行反贫困计划。面对不同的资源约束和选择空间，不同的人所做出的决策以及选择并不相同，因此，针对处于不同群体中的贫困人口，应当根据其致贫原因选择针对性的扶贫策略。人们在分析发展中国家的贫困问题时，主要侧重于分析农村地区的贫困，重点关注城乡、性别、区位等对贫困的影响；在分析发达国家的贫困问题时，则主要侧重于年龄、性别、群体等。

总体上，目前学界认为致贫原因可以分为主观因素和客观因素两大类。主观因素论认为穷人因缺乏良好的生活习惯、没有远见和懒惰等而选择了贫困。部分学者在文献中也提到，"贫困文化"可以说是一种穷人群体化的自主选择行为。Harrington（1962）主要研究了美国、意大利和墨西哥的致贫原因，并从微观层面对致贫原因所产生的影响展开了深入分析。康晓光（1995）在分析"富裕的贫困"时，与 Harrington 提出了相似的结论，他认为特殊的经济条件和社会条件对穷人的行为选择会产生较大影响。因此，穷人需要为自身的贫困承担一部分责任，但外部经济条件和社会条件也是致贫的一部分原因。客观因素论认为外在的经济条件、社会条件和政治制度导致穷人掌握了较少的资源，使穷人无力改变现状，进而陷入贫困。

对反贫困政策的研究建立在贫困成因理论基础之上，不同的人或群体所表现出来的贫困有一定的相似性，致贫原因却各有不同，不同类型的致贫因素所产生的影响作用存在差异性。一般情况下，贫困的影响因素可包括主观因素和客观因素，穷人的自身偏好和主观选择属于主观因素，市场未充分发育、社会制度和市场基础不完善、资源匮乏和政策干预不当等因素属于客观因素。对致贫原因进行分析是为了因地制宜地治理贫困。世界各国政府以及国际组织近几十年来出台并实施了大量的扶贫政策，进行了大量的扶贫实践。分析和评估这些扶贫政策和实践的作用以及影响力，有利于找到这些扶贫政策和实践的经验与教训，有利于减贫工作的顺利开展。

（一）资源禀赋匮乏论

资源代表着公共资源和私人资源在内的所有资源的总和，包括生产投入要素，如技术、物质资本、人力资本和自然资源等，也包括公共基础设施和服务，例如交通、卫生和教育资源等。资源禀赋匮乏往往会直接导致贫困，例如土地资源缺乏、恶劣的自然条件，就难以提高农业生产力，不利于资本形成；在缺乏公共教育资源和卫生资源的情况下，人力资本也难以得到积累，从市场上获得的劳动报酬也会偏低，无法推动当地经济快速发展，最终导致当地人民陷入贫困。针对资源禀赋匮乏而陷入贫困，当地政府普遍会通过推动当地基础设施建设、加大保护当地生态环境力度、推广和普及农业生产技术等方式消除贫困。如果当地政府具有较高的经济实力，还可以直接通过救济的方式来改善贫困人群的处境。

（二）制度因素影响论

政治和社会制度可以有效地规范个体行为，会直接或间接地影响市场主体的行为（康晓光，1995）。部分制度会对某些市场主体获取资源以及参与经济活动的资格产生一定限制。例如在计划经济时期，国家就限制了私人部门的经济活动。部分制度则对公民权利进行限制，使公民无法参与经济事务，并表达自身的利益诉求。城乡分割制度、性别歧视制度、种族歧视制度等制度的存在，也剥夺了部分群体获取资源和参与经济活动的资格。此外，不健全、不规范的社会和政治制度，也难以保障社会中部分群体的经济权利，甚至会剥夺这部分群体的经济福利（Sen，1989）。部分学者认为，贫困文化也是一系列制度所导致的结果，是导致个体陷入贫困的主要原因。如果这些制度长期得不到完善，将会导致贫困人口掉入贫困陷阱。政府部门可以通过调整或取消歧视性制度、加大反腐败斗争力度、为弱势群体提供表达利益诉求的机会和基础性保障、实现教育资源公平分配等方式来缓解不当制度导致的贫困。

（三）有效市场缺乏论

有的学者在分析发展中国家的贫困原因时，认为导致其陷入贫困的主要原因是市场不能有效运作。Kanbur（2005）认为个人和家庭虽可能掌握了一定的资源，但在没有外部市场的情况下，只能从事满足生存所需的农业生产，而无法进行交易，无法通过经济分工获得更高额的报酬；因缺乏完善的外部市场，个人和家庭无法开展包括人力资本和生产在内的投资活动；缺乏劳动力市场和经济机会，也会导致社会中大量劳动力失业，无法获得足够收入以摆脱贫困。针对不能有效运作的市场而陷入贫困，一般而言，政府会尽可能推动当地交通运输等基础设施的建设，以便实现当地和外地之间的商品流通，降低市场交易成本，实现社会分工；发展非农产业，为当地的贫困人群提供更多的就业机会；促进当地的金融发展，实现金融深化改革，避免产生金融抑制效应，阻碍当地经济的发展。

（四）贫困干预政策不当论

政府所采取的贫困干预政策有可能适得其反。部分学者在研究中发现，简单的救济政策反而会导致穷人对政府福利产生依赖（welfare dependency），而不愿意参与生产劳动，甚至有部分穷人乐于维持贫困，进而获得政府救济。因此，简单的救济政策不仅无法缓解贫困进而消除贫困，反而会加剧贫困（朱玲、蒋中一，1994）。简单的扶贫手段也只能在短期内看到效果，但从长期来看，必然会削弱穷人参与国家长期经济发展计划的积极性和主动性，并不能够真正消除贫困。因此，政府部门应当着眼于长期发展激励，严格限制对穷人的短期救济性扶贫。例如，针对穷人的短期救济可以设置某个期限，避免穷人长期依赖外来救济。政府部门在开展扶贫工作时，也需要提高穷人的自我发展意愿和能力，使其能够参与经济活动并获得酬劳，而不是获得国家（政府）所发放的直接救济。

由上文可知，对于致贫原因，学者们从不同角度提出了各自的观点，这些观点在不同环境下具有一定的解释作用，互为补充。例如，主观因素和客观因素、制度因素和市场因素、社会因素和政治因素、资源因素和市场因素之间都有着不可分割的联系，都会共同影响贫困的形成以及反贫困政策的实施。这就要求政府部门必须综合考虑这些因素之间的相关性，在此基础之上设计并实施有效的反贫困政策。

二、动态贫困理论

长期贫困指在个体的生命周期中贫困的状态会持续存在（Hulme，2003），这可能代表着个体陷入了极端贫困的状态。但极端贫困又不能与长期贫困相等同，极端贫困主要用于评估个体或群体的物质匮乏程度；长期贫困则主要用于评估个体或群体在不同时期的贫困动态变化（Yaqub，2003）。早期的人们在分析贫困时，并未分析贫困的持续性和时间动态特点（Ravallion，1995），但近年来，越来越多的学者开始研究贫困的持续性和动态问题。

有学者在研究中发现，发展中国家普遍存在短期贫困问题，长期贫困却并不常见（Thorbecke，2005）。但相比较而言，当个体或群体处于长期贫困时，贫困状态明显更加糟糕,这些个体或群体往往无力改变现状,也无法在政府所制定的各项政策中获益。因此,针对长期贫困和短期贫困,政府部门所采取的政策手段,应当做到因地制宜、因人制宜。

学者们在研究长期贫困的影响因素时,主要分析了市场不完善(Dollar、Kraay,2000)、缺乏良好的公共治理和经济增长不足(Moore,2001)以及经济可持续发展不足(Fine,2002)等因素。Lipton(1977)在研究中指出,各国政府发展战略的城市化倾向是造成长期贫困的主要原因。Hulme 等(2001)则主要从经济、政治、环境和社会等多个角度出发,探讨了长期贫困的影响因素,认为实现资产的再分配,加大人力资本投资力度,将有利于缓解长期贫困(Thorbecke,2005)。

发展经济学学者们提出了"贫困陷阱""发展陷阱"等理论来分析动态贫困(Dasgupta,1997;Chiglino,2002)。尽管学者们在研究贫困陷阱时,主要从时间稳态特征的角度出发分析了贫困状态,长期贫困主要指的是个体或群体的贫困状态持续性,但根据贫困陷阱理论来分析长期贫困问题,能够为政府制定有效缓解长期贫困的政策提供启发。当个体或群体长期处于贫困状态时,有可能会在贫困陷阱中而不自知,在没有外力帮助的情况下,这些长期陷入贫困状态的人将难以改变现状。事实上,大部分学者认为贫困陷阱具备多重稳态的特点(Barrett、Swallow,2006),学者们认为可以通过某种方式有效平衡不同资本之间的关系,当资本累积达到某个拐点以后,经济体稳态水平将会不断提升,最终有助于贫困群体摆脱贫困。

在讨论贫困问题时,不少学者也分析了贫困的脆弱性。Subbarao(2005)在研究中发现,贫困脆弱性主要指的是个体或群体未来陷入贫困的可能性。

Calandrino(2003)收集了中国四川省家庭的微观数据,进行了脆弱性评估,并分析了对样本家庭脆弱性产生影响的因素。他认为非长期贫困家庭的脆弱性会显著受到资产存量、居住区域、教育水平和家庭人口规模等因素的影响,在人口规模得到有效控制以后,家庭的负担系数则不会显著地影响脆弱性。而长期贫困家庭的脆弱性,则会受到成人人均拥有的耕地面积和家庭人口规模等因素的显著影响,尤其是成人拥有的耕地面积,对长期贫困家庭的脆弱性产生的影响明显大于非长期贫困家庭。进一步分析长期贫困的决定性因素,可以发现,长期贫困的影响因素主要包括:家庭人口规模、受教育程度、家庭户主是否女性、成人拥有的耕地面积和地理位置等。这项研究在一定程度上弥补了长期贫困家庭脆弱性分析中存在的局限性。Subbarao(2005)通过构建计量模型分析了肯尼亚干旱地区和非干旱地区居民的脆弱性影响因素,发现非干旱地区脆弱性的显著影响因素，包括家庭与粮食市场的距离、就业部门、健康状况、家庭人口规模、化肥使用情况和受教育程度；干旱地区和半干旱地区脆弱性的显著影响因素，包括家庭与粮食市场的距离、受教育程度、非农收入比例、耕地数量和降雨量等。

由上可知，脆弱性的影响因素包括：地理位置、人口结构、市场的准入门槛、资产不足、基本能力欠缺、意外冲击等不同类型。基本能力欠缺、资产不足和人口结构，都属于长期性和累积性因素，需要政府部门制定长期性政策来缓解这类因素引起的贫困；市场的准入门槛和地理位置，也具备长期性特征，但政府却可以通过制定短期政策来缓解这类原因引起的贫困；意外冲击则受到诸多不确定因素的影响，政府部门可以通过现金转移支付、制定和实施临时性消费平滑政策、价格补贴和其他补贴等构建社会安全网的方式来缓解贫困。

三、经济增长、收入分配与贫困理论

一般而言，学者们多从个人（家庭）层面和群体层面讨论贫困。识别个人（家庭）层面的贫困相对较为简单，可以直接划分贫困线，低于该贫困线的个人（家庭）即为贫困者。而识别群体贫困相对较为复杂，涉及的影响因素更多，量化评估贫困程度更加复杂。这主要是由于识别群体贫困时，除了要考虑个人的收入和消费水平是否低于贫困线，还需要考虑群体中收入（消费）、贫困人口的分布情况（Sen，1981）。

学术界长期研究经济增长、收入分配和贫困之间的相关性，得出了诸多有参考价值的研究成果。经济增长主要指的是人均国民收入的持续增长，说明一个国家或地区积累了大量的物质财富，这个国家或地区的居民也将拥有更多的获得经济福利的机会，这个国家或地区处于贫困线以下的人口数量将逐步减少，进而有效消除贫困。经济增长和减缓贫困之间的关系会受到其他因素的影响，例如人群中收入的分配情况（Bourguignon，2003）。Bourguignon 研究发现，经济增长、收入分配和贫困之间相互影响，经济增长和收入分配主要从如下几个方面对贫困产生影响：第一，经济增长会对贫困产生直接影响，经济增长往往会减缓贫困；第二，通过收入分配效应，经济增长会对贫困产生间接影响，经济增长带来的收入分配变化对低收入群体产生影响；第三，收入分配会对贫困产生直接影响，收入差距越大的地区，贫困往往更加明显；第四，收入分配通过经济增长对贫困产生间接影响。学者们也从上述四个方面出发，展开了对三个要素之间相关性的实证分析。考虑到经济增长、收入分配这两大要素都有可能直接影响贫困，也可能间接影响贫困，这里只需要从上述四个方面出发，梳理经济增长、收入分配这两大要素有可能对贫困产生的影响，即可发现这三大要素之间的作用机制。

（一）经济增长直接影响贫困

Chen（1997）主要分析了贫困率变化和人均收入变化之间的相关性，他发现二者呈现显著负相关关系，即人均收入增加，就会显著降低贫困率。Dollar 和 Kraay（2002）根据世界银行公布的多国数据展开了实证分析，主要研究了区域平均收入和相对贫困之间的相关性。这里的相对贫困主要指的是20%收入最低人口的平均收入。研究发现，区域平均收入的提升，可以显著地提高相对贫困人口的收入。Kraay（2006）在后来的研究中证实了这一结论。随后学术界和政府部门也逐步认可了经济增长可减少贫困这一结论。

不同区域经济增长对贫困减少所产生的影响和作用各有不同。Besley 和 Burgess（2003）利用世界银行的跨国数据，分析了不同地区经济增长和贫困减少之间的相关性，发现即使是同一个国家的不同地区，人均国民收入对贫困所产生的影响和作用也存在较大差异。根据历史数据，东欧国家和中亚国家的经济增长能够显著地促进减贫，二者之间的弹性系数高达-1.14，而撒哈拉以南的非洲国家的弹性系数只有-0.49。在城市和乡村，经济增长对减贫产生的影响和作用也存在较大差异。Thorbecke（1998）收集了撒哈拉以南的非洲国家的面板数据进行实证分析，发现经济增长对农村地区的减贫作用更加显著，因此，政府部门应对农村贫困和城市贫困设计和实施具有差异化的减贫政策。

（二）经济增长对收入分配产生影响，间接影响贫困

Kuznets（1955）最早开始研究经济增长对收入分配产生的影响，并提出了著名的"Kuznets 假说"。随后越来越多的学者开始讨论"Kuznets 假说"。早期的学者们对这一假说持肯定态度，例如 Paukert（1973）等，也有学者认为该假说缺乏依据。Deininger 和 Squire（1998）在研究中采用具备较高可靠性和可比性的数据进行了实证分析，得出了比"Kuznets 假说"更具有说服力的研究结果。Goudie 和 Ladd（1999）提出经济增长和收入分配之间的相关性还会受到其他因素的影响，因此，不能直接否定或肯定"Kuznets 假说"。Bourguignon（2003）认为，在分析经济增长和收入分配之间的相关性时，只收集宏观层面的跨国数据展开实证分析，还不足以得到具有说服力的研究成果，还需要从微观层面出发，探

讨经济增长对收入分配产生的实际影响。

（三）收入分配直接影响贫困

收入分配往往会对贫困产生较为直接的影响，这是因为当收入分配不平等时，低收入群体在社会中所占据的财富会相对更少，这就导致低收入群体长期陷入贫困（Ravallion，1997）。Besley 和 Burgess（2003）从收入方差的角度出发，分析了收入不平等和贫困发生率之间的相关性，发现不平等的收入分配会对减缓贫困产生负面作用，且不同地区的负面作用存在较大差异，东欧和中亚地区，收入分配不均，对贫困所产生的负面作用相对较低，而拉丁美洲则相对较高。Ali 和 Thorbecke（1999）收集了撒哈拉以南非洲国家的数据，实证分析了收入不平等对贫困产生的影响。他们对农村和城市分别进行回归分析，发现收入不平等对城市贫困产生的影响更大。这就证明了在不同地区或部门，收入分配对贫困所产生的影响并不相同。

（四）收入分配影响经济增长

学者们在研究经济增长和收入分配之间的相关性时，认为收入的不平等分配，将会阻碍社会经济的发展。Alesina 和 Rodrik（1994）从政治经济学的角度出发，对经济增长和收入分配之间的关系进行分析，发现不平等的收入分配，会对社会经济发展产生极大的负面影响。Squire（1998）认为，从统计学上来看，收入分配不平等对经济增长所产生的影响并不明确。他还发现，初始的财产分配不均，会导致低收入家庭减少人力资本投资和实物投资，从而阻碍区域经济增长。Alesina 和 Perotti（1996）认为收入分配不均等会引发政治问题，甚至会产生严重的社会矛盾与冲突，极大地降低了社会的发展水平以及投资效率，不利于社会经济增长。Birdsall 等（1995）收集了跨国样本进行回归分析，认为对于东亚国家而言，一定水平的收入不平等反而会促进这些国家的经济增长。

上述研究表明，经济增长、收入分配和贫困这三者之间有着极为复杂的关系。目前学者们关于这三个要素之间相关性的研究，还未达成共识，但不同学者提出的观点在不同的时代或不同区域具有一定的实用性。

经济增长对不同收入群体会产生怎样的分配影响？这个问题引起了学者们的注意，因此"益贫增长"（pro-poor growth）逐步成为学者们关注的焦点，越来越多的学者开始从这个角度出发探讨减贫政策（UNDP，2005）。尽管学者们从不同角度出发探讨了益贫增长的问题，但迄今为止该概念尚无统一的定义。Kakwani 和 Pernia（2000）在研究中发现，与富人相比，穷人往往能够从经济增长中获得更多的利益，这就是典型的益贫增长。Kraay（2006）认为，这种理解存在局限性，例如中国在改革开放以后，社会经济快速发展，大幅减少了中国境内的农村贫困人口（Wang，2004），但中国的收入不平等程度也在此期间加剧，穷人从经济增长中获得的利益根本无法与富人相比。

四、贸易自由化与国际减贫理论

世界经济已经进入全球化发展阶段，近 20 年来，不同领域的学者们也对贸易自由化与贫困之间的关系进行了深入研究。一些学者认为自由贸易可以显著地推动经济增长，进而达到减缓贫困的目的。但也有学者提出，发展中国家发展自由贸易，短期来看反而会损害这些国家穷人的利益，长期来看，部分个体或家庭也会因为自由贸易制度的改进而陷入更持久的贫困。一些学者对贸易自由化和贫困之间的传导机制进行了研究，重点分析了贸易自由化对经济增长产生影响的传导机制，在此基础之上探讨经济增长对贫困的影响机制。也有少量学者直接研究贸易自由化和贫困之间的关系，但所提出的理论研究成果和实证分析成果偏少（Winters 等，2004）。梳理学者们关于传导环节的已有成果，有助于了解自由贸易对贫困的影响机制。

（一）贸易自由化、经济增长与贫困

从理论上讲，自由贸易可以加速技术和资金扩散，实现不同区域内的良性竞争，并提高区域内的生产率，促进区域经济增长，减缓贫困。但不少学者也建立了自由贸易对经济增长产生负向影响的理论模型（Bhagwati、Srinivasan，2001）。学者们进一步展开了关于自由贸易和经济增长相关性的实证分析，大部分学者通过实证研究发现，自由贸易有助于经济增长，进而减缓贫困。但也有学者指出这些实证分析存在内生性问题，因此，有部分学者对自由贸易有助于经济增长的结论持保留意见（Rodriguez、Rodrik，2001）。

由前文可知，即使贸易自由化可以促进经济增长，这种经济增长能否达到减缓贫困的效果也仍然受到社会收入分配的影响。Dollar（2004）通过收集多国样本数据进行分析，发现平均收入增加会显著提高穷人的收入，但仍然有个别国家的平均收入增长后，反而降低了穷人的收入，收入不均等会对减缓贫困产生负面影响（White、Anderson，2001）。在贸易自由化发展进程中，不同行业和不同部门的从业者所获得的收益并不相同，因此，在分析贸易自由化和贫困的关系时，还需要关注贸易自由化所引起的不平等现象（Winters 等，2004）。目前，人们还未发现贸易自由化和收入不平等之间的确定联系（Kraay，2006）。Vos 等（2002）主要研究了拉丁美洲的贸易自由化，认为贸易自由化有助于减缓贫困，但也带来了一些国家经济结构的调整，从而导致收入分配不均等。但是也有部分国家和地区的贸易自由化并未导致收入分配不均。未来还需要考虑国家制度结构和初始经济条件等影响因素，进一步研究贸易自由化和收入不平等之间的关系。

（二）贸易自由化、就业与贫困

经典贸易理论认为，发展中国家根据比较优势进行贸易，可以推动本国劳动密集型产品的出口，低技能劳动者在专业化分工的格局下将拥有更多的就业机会，获得更多的酬劳，进而有效减缓贫困。但当发展中国家无限供给劳动力时，贸易开放就不会从实质上影响本国的工资水平，只会对本国的就业结构产生影响（Winters et al.，2004）。在现实中，劳动力供给曲线有可能介于垂直和水平状态之间，研究贸易自由化通过就业渠道影响贫困需要考虑的因素较多，如要素市场的完善性、贫困线和工资水平之间的相关性、正规部门和非正规部门的劳动力分配和非贸易商品及其价格等因素（Winters，2000）。

早在 20 世纪 80 年代，Krueger（1983）就对贸易与就业的关系进行了研究，通过对发展中国家的制造业进行案例分析，发现制造业的确属于劳动密集型产业，但自由贸易政策并不会对制造业就业产生太大影响。Revenga（1997）主要研究了墨西哥和摩洛哥的自由贸易与就业之间的关系，认为政府推动的自由贸易政策并不会显著地提升本国就业率。而 Milner 和 Wright（1998）在对毛里求斯的贸易自由化和就业之间的关系进行研究时，却发现贸易自由化可以显著地扩大毛里求斯的就业，并提高毛里求斯的工资水平。

在分析贸易自由化和贫困之间的关系时，不能仅考虑出口部门的就业和收入增长这两个要素，还需要分析处于失业状态人口的状况、其他部门的就业状况和收入状况等因素。贸易自由化会推动一个国家和地区的经济结构调整，在产业转型期间有可能产生大量的临时性失业，这种失业有可能会加剧贫困。Matusz 和 Tarr（1999）在研究中发现，临时性失业并不会持续太长时间，也不会产生较高的调整成本。但目前还很少有学者全面研究贸易自由化对不同部门就业产生的影响，也未能分析这种临时性失业和贫困之间的关系。这些在未来的研究中还需要进一步完善。

学者们的研究结果普遍认为贸易自由化可以促进经济增长，但一个国家和地区的经济制度、配套政策等也会对二者之间的相关性产生较大影响。学者们并未就经济增长能否影响相对贫困达成共识，但经济增长可以减少绝对贫困这一结论却是毋庸置疑的，贸易自由化对经济增长的促进作用在多国也已经得到证实。Ducan 和 Quang（2002）认为，任何一个国家的政府要想设计一个减少绝对贫困的自由贸易政策都极其困难，因此，应当从本国的实际情况出发，制定贸易开放政策和减贫政策，且贸易开放政策和减贫政策应当具备一定的互补性。

由前文分析可知，研究贸易自由化对贫困所产生的影响时，需要考虑如下几个方面：第一，贸易自由化本身会受到诸多指标的影响，例如外贸依存度和关税率，采用单一指标研究贸易自由化和贫困之间的关系，不能得出具有普适性的结论（Winters et al.，2004）。第二，需要考虑不同影响机制之间的相互作用，如社会劳动生产率会因为贸易自由化的发展而提升，从而减少社会就业以及劳动力需求。因此分析不同影响机制之间的相互作用，才能明确知道贸易自由化对贫困的影响。第三，在分析贸易自由化对贫困的影响时，还需要对特定人群或特定地区的总体情况进行区别分析。如在分析贸易自由化对区域总体贫困产生的影响时，就有必要建立包含多个市场或部门的一般均衡模型，才能得出有价值的研究成果（Reimer，2002）。第四，根据跨国数据进行的统计和实证分析，虽然可以发现贸易自由化和贫困之间的一些关系，但仅考虑个别国家的案例分析得出的结果可能会缺乏代表性和普适性，未来仍需要充分考虑不同国家的制度背景以及初始条件，在此基础之上探索贸易自由化对贫困的影响机制（Winters et al.，2004）。第五，在分析贸易自由化和贫困之间的关系时要区分长期影响和短期影响。尽管从长期来看，贸易自由化可以有效减缓贫困，但我们仍然不能忽视短期内贸易自由化对减缓贫困带来的负面影响，仍需要特别关注在短期内因贸易自由化而受到不利影响的贫困人群。

第二章 主要国际组织的国际减贫理论

一、联合国开发计划署的减贫理论

作为全球最大的技术援助多边机构，联合国开发计划署为欠发达国家提供了大量援助，同时该机构也深入系统地研究了减贫理论。

（一）人类发展指数

联合国开发计划署每年都会发布《人类发展报告》，该报告不仅会阐释联合国开发计划署关于反贫困理论的政策和研究成果，还会公布其研究过程中得到的调研数据和研究重点。近 20 年来，联合国开发计划署在《人类发展报告》中多次阐释了贫困问题，提出了人类发展指数（Human Development Index，HDI）等与贫困相关的研究成果，对于人类社会开展反贫困工作有着极为重要的意义。在 1990 年的《人类发展报告》中，联合国开发计划署首次提出了"人类发展指数"这一概念，主要用于对各国社会经济发展水平进行准确评估，打破了传统评估指标的局限性。

人类发展指数在评估一个国家或地区的社会经济发展水平时，主要采用的评估指标为健康长寿、生活水平和知识获得这三项基础变量。健康长寿指的是人类出生时的预期寿命，生活水平指的是国内生产总值（GDP），知识获得指的是居民的预期受教育年限和平均受教育程度。联合国开发计划署自 20 世纪 90 年代以来，就提出要用人类发展指数对各国和各地区的社会经济发展水平进行评估。

（二）人类贫困指数

联合国开发计划署在 1997 年发布的《人类发展报告》中提出了人类贫困

指数（Human Poverty Index，HPI）这一概念。人类贫困指数包含的内容较广，包括成人文盲占比、预期寿命在 40 岁以下人口占比、拥有安全饮用水人口占比、拥有完善医疗服务人口占比和 5 岁以下营养不良人口占比等。人类贫困指数不仅从收入的角度解释了贫困，而且认为对人类发展权利、尊严、长寿、教育和知识的剥夺也属于贫困。相对于收入情况而言，人类贫困更侧重于人的基本人权和全面发展，其内涵更加广泛。各国（地区）政府对人类贫困指数和人类发展指数均给予了较高程度的认可，目前世界各国（地区）在评估贫困时，逐步广泛运用这两个指数。

（三）多维贫困指数

联合国开发计划署在 2014 年发布的《人类发展报告》中提出了"多维贫困指数"（Multidimensional Poverty Index，MPI）这一概念，它实质上是一种全新的贫困测量方法。2010 年，"牛津贫困与人类发展项目"小组在得到联合国的授权以后，提出了多维贫困指数的具体计算方式，分项指标包含 10 多个主要变量，包括健康、营养、卫生系统、教育、服务、财产和是否有良好的烹饪燃料等，通过对这些变量分别进行计算，可以对世界各国和地区的贫困水平进行准确测量。多维贫困指数中所包含的评估指标更多，能够更加全面地反映不同区域的社会贫困和家庭贫困，进而帮助人们更好地应对贫困的挑战。

在世界银行提出的贫困测量标准中，多维贫困指数占据着重要的地位，它可以将不同国家和地区的贫困人口的贫困状态充分反映出来。多维贫困指数能够充分反映出家庭耐用消费品的资产状况，注重对环境剥夺等方面的测度，其测量结果在解释贫困问题方面具有更强的说服力和持久性。

（四）千年发展目标

联合国全体成员一致通过的千年发展目标，以 1990 年水平为标准，提出要在 2015 年前降低 50% 的贫困水平。世界各国在 2000 年的联合国千年首脑会议上，针对解决世界贫困、歧视妇女、环境恶化、疾病、饥饿和文盲问题等提出了千年发展目标（Millennium Development Goals，MDGs）。该项目标明确提出，要消除全球范围内的极端贫困和极端饥饿；为妇女赋予平等的权利；加速小学教育的普及；加强与疟疾、艾滋病和艾滋病毒的斗争；加大力度降低儿童死亡率；改善产妇的保健条件；加强全球合作；加强环境保护。在千年首脑会议上，这些目标和指标被视为核心内容，也是全球主要国家和开发援助机构所设计的一幅唯美的蓝图，这幅蓝图被称为"千年发展目标"。

联合国开发计划署认为国际合作在反贫困工作中占据重要的地位，并提出联合国开发计划署应尽可能援助发展中国家，以达到推动人类可持续发展的目的。在援助工作中，联合国开发计划署将致力于整合全球资源，促进欠发达国家和地区的快速发展，减轻贫困，以求更快更好地实现千年发展目标。联合国开发计划署每年将斥资约10亿美元消除贫困，力争早日实现千年发展目标。

2003年，联合国开发计划署发布的《人类发展报告》中明确提出，千年发展目标是全球公约，其最终目的是消除人类贫困。千年发展目标构建了一个反贫困工作的框架，有利于有机联系国际组织、捐助者和不同国家发展战略，以便实现千年发展目标。该项国际公约明确了参与者的责任与义务，援助国有义务支持欠发达国家和地区的发展，欠发达国家和地区应当大刀阔斧地开展改革工作，以求尽早实现千年发展目标①。在历年的《人类发展报告》中，联合国开发计划署都充分强调了国际援助的重要性，并倡导建立国际合作机制，就扶贫和防止返贫问题展开国际交流与国际合作，共同解决全球贫困问题。2019年的《人类发展报告》提出，尽管在整个亚太地区，已有数百万人摆脱了多维贫困，但各国的多维贫困发生率差异很大。各国最贫穷的社区仍然容易受到气候变化、干旱和公共卫生事件等的影响，贫穷国家中生活在农村的穷人面临着双重冲击的风险：对生活的负面影响和全球产量下降导致的粮食价格飙升。

二、世界银行的减贫理论

（一）世界银行关于贫困的定义

世界银行于1980年发布的《世界发展报告》中明确提出：当某些人、某些国家或群体没有足够的资源去获取他们在那个社会公认的一般都能享受到的饮食、生活条件、舒适和参加某些活动的机会，就是处于贫困的状态。这种定义将贫困界定为难以满足基本物质生活要求。

《2000/2001年世界发展报告：与贫困做斗争》从广义层面提出了贫困的概念：贫困指的是部分群体或个人被剥夺福利的状态。该项发展报告明确指出，除了收入微薄或人力发展不足形成的贫困以外，还包括缺少发言权、权利被社会排斥等面对外部冲击的脆弱性。从广义层面理解的贫困，侧重于风险抵

---

① 联合国开发计划署. 2003年人类发展报告［M］. 翻译组，译. 北京：中国财政经济出版社，2003：2.

御能力和社会尊严等层面，而不只是局限于传统生活层面。世界银行报告中所提到的"福利"是广义层面上的物质福利、文化福利和政治福利的总和，这些福利被剥夺以后的状态就是贫困。从广义层面理解贫困的内涵，就能更清楚地了解贫困的形成原因。世界银行在 2004 年发布的《世界发展报告》中明确提出，不同贫困阶层所采取的反贫困手段各有不同，而要想真正解决社会的贫困问题，当务之急是提高全社会的服务水平。由此可见，世界银行的《世界发展报告》从广义层面深刻理解了贫困的定义，也为人们制定反贫困策略提供了新的思路。

（二）世界银行的贫困线标准

以前，世界银行的贫困线标准为 1 人 1 天 1 美元。如果一个家庭或一个个体无法满足其基本生活之需，就说明其福利被剥夺了。此时该家庭或个体就处于贫困状态。1990 年，世界银行收集了 34 个国家关于贫困的相关数据，分析了这些国家的贫困状态，并按照 1985 年的美元购买力平价，调整了这些国家贫困线的货币单位。世界发展银行在研究中发现，全球有 12 个最贫困国家的贫困线在一年可支配收入 275～370 美元之间，随后世界银行在评估各国贫困状态时，设置的国际通用评估标准为 370 美元，随后又将其简化为"1 人 1 天 1 美元"。因其简单好记，此贫困线标准在全球范围内得到推广。联合国千年发展目标也采用了这一标准，针对世界各国的情况进行评估。

随着世界各国反贫困工作的推进，人们逐渐发现 1 人 1 天 1 美元的贫困线标准无法对贫困人口的生活状态进行准确评估。世界银行于 2008 年修订了 75 个国家的贫困线评估标准，在确定了新的评估标准以后，更新了这些国家的贫困数据，提出新的贫困线标准为每人每天生活费不到 1.25 美元。2015 年 10 月 4 日，世界银行又提出按照购买力平价来计算贫困线标准，其计算结果可以充分反映出价格上涨幅度。此后，国际贫困线标准被调整为 1 人 1 天 1.9 美元。

世界银行认为国际合作在反贫困工作中发挥了重要作用。如果国际社会可以给予充分的扶贫援助，将更有利于欠发达国家和地区反贫困工作的开展。1990 年的《世界发展报告》明确提出，"低收入国家拥有世界上大部分贫困人口，而这些国家得到的外资净收入中的 70% 以上均为援助资金，援助已经成为这些国家外汇流入的主要渠道"[1]。世界银行认为，援助者必须充分意识到贫

---

[1] 世界银行. 1990 年世界发展报告 [M]. 翻译组，译. 北京：中国财政经济出版社，1990：127.

困对象和外援之间的相关性，并能够根据二者之间的关系，对现有的援助政策做出合理的调整。《2000/2001 年世界发展报告：与贫困做斗争》在第十章"举全球之力助贫"① 中提出全球合作有利于各国家以及地区减贫工作的顺利开展，提高减贫效率。在 2012 年的《世界发展报告》中，世界银行提出，国际扶贫合作与反贫困工作的开展，将因为国际社会的积极参与而达到事半功倍的效果。2019 年，世界银行发布的《世界发展报告》中提出，作为面向发展中国家的世界最大的资金和知识来源，世界银行致力于减少贫困，推动共同繁荣，促进可持续发展。

三、亚洲开发银行的减贫理论

（一）亚洲开发银行关于贫困的定义

亚洲开发银行旨在推动亚太地区经济发展，努力解决亚太地区的贫困问题。2000 年，亚洲开发银行副行长沙里温在"21 世纪初中国扶贫战略国际研讨会"上的致辞中提出，贫困实质上剥夺了个体或群体拥有财产的机会。沙里温认为每一个社会个体都拥有基本健康权利和受教育权利，即使是陷入贫困的人，也可以通过劳动报酬来供养自己，以求抵御外来风险，具备自我保护能力。由此可见，如果穷人已经无法控制自身的生活状态，个人或群体就会处于贫困状态，整个社会就会出现严峻的贫困问题②。亚洲开发银行主要从权利缺失的角度出发理解贫困的内涵，认为贫困的人不仅无法保障自身的基本物质生活，甚至也失去了基本的受教育权利、机会公平和社会参与机会。

（二）亚洲开发银行理解的贫困线标准

目前国际上主要使用了世界银行提出的贫困线标准，而亚洲开发银行提出的贫困线标准却得出了不同的测量结果。亚洲开发银行收集了 25 个发展中成员国的数据，这些发展中成员国的人口在发展中成员国总人口中的占比达95.3%。《2019 年亚太地区关键指标》显示，亚太地区的极端贫困人口已从

---

① 世界银行. 2000/2001 年世界发展报告：与贫困做斗争 [M]. 翻译组，译. 北京：中国财政经济出版社，2001：179.

② 王雨林. 中国农村贫困与反贫困问题研究 [M]. 杭州：浙江大学出版社，2008：13.

2002 年的 11 亿降至 2015 年的 2.64 亿,高于世界银行的估算结果①。亚洲开发银行在研究中发现,发展中国家人民的生活成本正在与日俱增,最终导致本国的贫困人口数量不断攀升。这就证明这些国家还需要进一步努力减少国内的贫困人口,但在短期内很难改变贫困人口的生活状况。

亚洲开发银行和 23 个国家的统计机构,对 1 000 多种产品的价格进行了收集和分析——这些产品中超一半以上为家庭消费所必需的商品或消费所必需的服务。通过对这些产品价格的分析,一方面可以计算出家庭的消费购买力,另一方面也可以对各个国家的生活成本进行对比分析。研究发现,世界银行提出的每天 1.25 美元的贫困线标准,尽管可以充分表现出全球最穷国家的贫困状况,但亚洲大部分国家的贫困线都远高于 1.25 美元。亚洲国家的中等贫困线为 1 人 1 天 2 美元,而泰国和马来西亚的贫困线则远高于这一贫困线标准。亚洲开发银行建议根据亚太地区的实际情况来制定具有针对性的贫困线标准②。

亚洲开发银行同样也认为国际合作可以加速反贫困工作的开展。自 1999 年起,亚洲开发银行为推动亚太地区的经济发展,加强区域之间的交流与合作,在其战略规划中,充分强调了扶贫工作的重要性,希望通过国际合作来实现亚太地区的共同发展。亚洲开发银行于每年的 4—5 月举行年会,年会主要探讨亚太地区的经济发展趋势以及未来发展所面临的挑战,旨在找到实现亚太地区国际合作的方针与对策,以便推动整个亚太地区社会经济的快速发展。亚洲开发银行理事会第 52 届年会于 2019 年 5 月 5 日正式在斐济楠迪召开。在此次年会开幕式上,亚洲开发银行行长中尾武彦强调亚洲开发银行将减少贫困和不平等、促进性别平等、减缓和适应气候变化、区域合作和一体化以及利用优惠资源等作为其战略核心,致力于在消除极端贫困的同时,建设繁荣、包容、可持续发展的亚太地区,为此将寻求双边以及绿色气候基金和全球环境基金等多边合作伙伴的支持。

亚洲开发银行的年报中也明确强调了扶贫合作的重要性,认为亚太地区各国家在扶贫工作中展开国际合作,将有利于缓解各国的贫困问题。20 世纪 80 年代末,亚洲开发银行专门成立了扶贫办公室,以求加强各国在反贫困工作中的团结合作,从整体上推动亚太地区各国经济发展,切实解决亚太地区的贫困问题。

---

① 吴忠. 国际减贫理论与前沿问题 [M]. 北京:中国农业出版社,2010:69-70.
② 赵洁民,马尼拉. 亚行称亚太国家应制定地区性贫困线标准 [N]. 经济参考报,2014-08-25(A04).

四、国际减贫理论的价值

（一）有利于确定贫困线标准

不同国家的经济发展水平、贫困程度和贫困人口数量都存在较大差异，各个国家的经济发展水平以及政府所采取的扶贫政策，都会直接影响各国如何制定贫困线标准，这也就使得全球各国采用了不同的贫困线标准。

目前国际社会广泛采用世界银行所提出的贫困线标准。中国扶贫工作在改革开放以后获得了长足进步，大幅减少了国内的贫困人口，但是和国际贫困线标准相比，中国贫困线标准仍然存在较大差距。由于中国和国际社会采用了不同的贫困线标准，其计算所得结果存在较大差异。例如，联合国开发计划署2019年发布的《人类发展报告》中明确提出，中国超过3%的人口仍处于多维度贫困中，约17.1%的人较有可能重新陷入多维贫困。而中国国家统计局统计的全国贫困人口仅有551万人，贫困发生率为0.6%。中国目前贫困线以2011年2 300元不变价为基准，进行不定期调整。该贫困线标准已经无限接近国际贫困线标准（世界银行，"1人1天1.9美元"）。

（二）有利于深化对贫困的认识

不同的国家和个人关于贫困内涵的理解都存在某些差异性。萨缪尔森在研究贫困时曾经指出，"贫困本身是一个涉及面较广的概念，不同的人或国家从不同的角度理解贫困，将得出不同的结论"[①]。中国学者研究贫困现象的侧重点也各有不同。学者们分别从社会学、政治学和经济学等不同领域出发探讨了贫困问题，但由于中国学者晚于西方学者研究贫困问题，早期的中国学者主要从物质层面和生存层面探讨了贫困的内涵，还缺乏对贫困核心要义的理解。分析国际社会对贫困的理解和定义，有助于中国学者从政治层面、文化层面和经济层面等多个层面分析贫困，丰富对贫困本身的认识。

近年来，随着多维贫困指数被联合国广泛使用，越来越多的中国学者开始从多个角度出发探讨贫困问题，以期更深入地测量国内贫困。因此，除了从传统经济层面剖析贫困问题以外，越来越多的中国学者从非经济领域出发探讨贫困问题，例如教育、卫生、健康和生活设施等领域。多维贫困理论的提出，为

[①] 施锦芳. 国际社会的贫困理论与减贫战略研究 [J]. 财经问题研究，2010 (3)：114.

中国学者研究中国农村贫困问题提供了一条新的思路，在测量中国农村贫困方面具有重要的理论和现实意义。

（三）有利于科学制定反贫困战略

国际贫困理论强调从多个角度出发审视农村贫困问题，除了需要制定有针对性和可操作性的贫困线标准外，还需要对贫困人口的致贫原因等进行全方位分析。仅从物质层面帮扶贫困人口并不能够真正解决贫困问题。除了需要考虑经济问题以外，还需要充分关注贫困人口的生活状态，确保贫困人口的政治权利以及社会权利得到应有的尊重，必须从人的全面发展这一角度出发探讨贫困问题，才能真正推动反贫困工作。中国政府也在根据本国的实际情况不断调整原有的反贫困战略，早期主要采用救济式扶贫工作方针，后来中央政府于1984年颁布《关于帮助贫困地区尽快改变面貌的通知》（中发〔1984〕19号），自此以后，中国的反贫困工作正式进入开发式扶贫道路，根本性调整了中国的反贫困战略。此后中国在开展反贫困工作时，主要着重提高贫困人口的自我发展能力，以求提高贫困地区的社会发展综合能力。2013年，国家主席习近平提出了精准扶贫思想，建立了中国特色脱贫攻坚制度体系，贫困识别准确率达98%以上，我国脱贫攻坚工作取得了决定性进展和历史性成就。

（四）有利于国际减贫合作的推进

不少国际组织在全球反贫困事业中做出了卓越贡献，推动了人类社会加速减缓贫困，尤其是缓解了欠发达国家和地区的贫困。不少国际机构采用多种形式向发展中国家提供援助，例如世界银行、联合国开发计划署、亚洲开发银行等，力求通过国际合作，帮助发展中国家摆脱贫困。不少国际组织还会帮助发展中国家制定减贫政策，积极在发展中国家开展扶贫援助项目，一方面可以为发展中国家培训专业的开发式扶贫工作人员，另一方面还构建了减贫交流合作平台，为发展中国家引入了更多的扶贫援助项目。国际组织所采取的反贫困策略，极大地帮助了受援发展中国家贫困工作的开展，也推动了全球反贫困事业的发展。

根据世界银行发布的数据，1990年，全球极度贫困人口为19亿人，2019年为13亿人，可以看出30年间全球共减少了多达6亿的极度贫困人口。正是在国际反贫困机构的努力之下，推动了全球反贫困事业的发展，使不少发展中国家逐渐摆脱了贫困。世界银行发布的最新预测表明，由于新型冠状病毒肆虐，2020年，全球可能会因此增加4 000万~6 000万贫困人口，预计撒哈拉以南的非洲地区受到的影响最大。世界银行认为，2020年将是自1998年以来，全球首次出现贫困率上升的情况，全球减贫成效或将因为新型冠状病毒疫情而倒退3年。根据世界银行的标准，绝对贫困是每人每天生活费不到1.9美元，折算成全年的生活费，应该不低于4 900元人民币。按照这一标准，2019年全球还有6.32亿绝对贫困人口，贫困率为8.2%。世界银行曾经预测，2020年全球的贫困率可能下降到7.8%。但是由于新型冠状病毒肆虐，全球的生产和贸易活动受到了巨大的影响，世界银行最新的预测认为，2020年全球的贫困率将不降反升，上升到8.6%，全球贫困人口将增加至6.65亿人。未来，各国需要加强合作，才能推动全球贫困减缓。

第二篇　国际减贫实践

世界各国政府和国际组织在减缓贫困方面做出了诸多努力和尝试。本篇将归纳和总结各国政府实施的主要减贫政策，以及各国政府和国际组织在扶贫工作方面的经验和教训。要想充分发挥扶贫战略的作用，需要考虑的问题较多，例如宏观政策的目标分解问题、扶贫政策如何结合地方实际、贫困人群的异质性对扶贫战略产生的影响、公共服务供给传递中的瞄准问题等。只有解决了这些问题，才能将政府扶贫政策的预期作用充分发挥出来。

第三章　国际贫困线与贫困人口的认定

一、发达国家对贫困线与贫困人口的认定

（一）英国

在 20 世纪 50 年代以前，英国评估贫困的标准是本国居民基本的住房需求、食品需求和衣服需求的"购物篮子"。进入 20 世纪 60 年代以后，英国建立了现代福利国家，此后英国政府不再以"购物篮子"作为贫困的评估标准，逐渐转为以相对贫困作为贫困的评估标准。相对贫困主要指的是个体基于平均水平而言，缺乏满足其日常生活所需的资源。英国政府在 1979 年后提出，当家庭收入低于全国收入中位数的 60% 时，该家庭就属于贫困家庭，家庭成员也属于贫困人口。这里的中位数收入主要指的是中间收入分配阶层家庭的税后收入。英国还针对不同规模的家庭制定了不同的贫困线标准，其各项扶贫政策中表现出了精准化和针对性强的理念。

欧盟和经济合作与发展组织（OECD）成员国在评估相对贫困时，其评估标准为普通家庭收入水平低于全国中位数的 50% 或 60%。在 20 世纪 80 年代以后，英国政府主要采用"在平均收入之下的住户"（HBAI）方法对本国居民的收入水平进行调查，并将家庭收入低于全国中位数 60% 的定为贫困家庭，也以此作为英国的贫困线标准。根据英国 2015—2016 年的调查数据，当一个家庭的收入在全国家庭收入中位数 60% 以下时，则证明该家庭收入水平较低，处于贫困状态。具体如表 3-1 所示。

表 3-1　英国不同家庭标准的收入贫困线

家庭类型	扣除房屋开支后的收入贫困线	
	英镑/每月	英镑/每年
单亲（2 个孩子）	1 287	15 444
一对夫妻（2 个孩子）	1 738	20 852

（二）美国

美国以家庭税前收入作为贫困线标准，这一标准会随着家庭规模和物价水平的变化而调整。美国前总统约翰逊于 1964 年正式提出美国将实施减贫战略，年收入低于 3 000 美元的家庭均为贫困家庭，贫困家庭的成员均为贫民；年收入低于 1 500 美元的单身户为贫民。美国贫困线变化如表 3-2 所示。

表 3-2　美国贫困线变化表

年份	四口之家年均收入/美元	贫困率/%	贫困人口/万
1964	3 000	22.2	3 990
1965	3 223	17.3	3 320
1970	3 968	12.6	2 540
1975	5 500	12.3	2 300
1980	8 414	13.0	2 930
1983	10 178	15.2	3 530
1999	17 029	11.8	3 000
2000	17 603	11.3	3 000
2001	17 650	11.7	3 290
2002	18 244	12.1	3 460
2003	18 810	12.5	3 590
2004	19 157	12.7	3 700
2005	19 350	—	—
2008	22 025	13.2	4 360
2009	21 954	14.3	4 370
2010	22 314	15.1	—
2015	22 000	15.1	4 620
2017	24 600	—	—

美国的贫困线在 1981 年出现了三个变化：一是美国政府不再区分家庭户主性别。二是美国政府不再针对农业户家庭进行分类，非农业户家庭和农业户家庭的贫困线一样。这就标志着美国的农业经济已经得到快速发展，区域性和集中连片性的农村贫困已经不再是美国的主要致贫原因，其贫困原因为全国性的结构性城镇贫困。三是针对七口之家、八口之家和九口之家，美国政府制定了更加详细而完善的贫困线标准。

二、发展中国家对贫困线与贫困人口的认定

（一）新兴市场国家

1. 俄罗斯

1992 年，俄罗斯政府首次提出了官方贫困线。2000 年，俄罗斯政府针对 1992 年的官方贫困线进行了调整。贫困线主要指的是个人为满足其最低食品需求和非食品需求的货币需求，且政府在公布官方贫困线时，往往会针对个人、社会以及地区差异展开综合性分析。例如食品标准，俄罗斯政府会计算满足个体最低营养所需的"食品篮子"的成本，在计算过程中会考虑不同年龄阶段以及男性和女性各自不同的营养需要，这些营养包括碳水化合物、蛋白质、脂肪等。2000 年，俄罗斯政府针对原有的贫困线标准进行了修订，考虑到俄罗斯 16 个地区的气候差异和食品消费模式差异，俄罗斯在计算"食品篮子"成本时，最冷地区的营养所需比最暖地区的营养所需高出 15%。"非食品篮子"的标准成本在计算时需要参考最低生存所需的基本非食品需要、服务需要和支付需要。俄罗斯政府主要根据三个地区的数据制定了"非食品篮子"。考虑到不同区域的性别差异和年龄差异，俄罗斯政府收集了 200 多个城市的价格信息，每三个月就会针对贫困线标准进行调整。

2. 印度

根据印度 1973—1974 年的全国抽样调查结果，印度农村地区每人每月需要支出 49.09 卢比，每人每天需要获得 10 046 千焦耳热量，城市地区每人每月需要支出 54.64 卢比，每人每天需要获得 8 790.29 千焦耳热量。在发生了严重的通货膨胀以后，印度贫困线标准也发生了较大变化，城市贫困线标准为 1 000 卢比，农村贫困线标准为 816 卢比。具体如表 3-3 所示。

表 3-3　印度各邦的贫困线（2011—2012 年）　　单位：卢比

序号	地区	人均月收入		序号	地区	人均月收入	
		农村	城市			农村	城市
1	安德拉邦	860	1 009	16	马哈拉施特拉邦	967	1 126
2	伪"阿鲁纳恰尔邦"（中国藏南地区）	930	1 060	17	曼尼普尔邦	1 118	1 170
3	阿萨姆邦	828	1 008	18	梅加拉亚邦	888	1 154
4	比哈尔邦	778	923	19	米佐拉姆邦	1 066	1 155
5	恰蒂斯加尔邦	738	849	20	那加兰邦	1 270	1 302
6	新德里邦	1 145	1 134	21	奥里萨邦	695	861
7	果阿邦	1 090	1 134	22	旁遮普邦	1 054	1 155
8	古吉拉特邦	932	1 152	23	拉贾斯坦邦	905	1 002
9	哈里亚纳邦	1 015	1 169	24	锡金邦	930	1 226
10	喜马偕尔邦	913	1 064	25	泰米尔纳德邦	880	937
11	查谟和克什米尔邦	891	988	26	特里普拉邦	798	920
12	恰尔肯德邦	748	974	27	北阿坎德邦	880	1 082
13	卡纳塔克邦	902	1 089	28	北方邦	768	941
14	喀拉拉邦	1 018	987	29	西孟加拉邦	783	981
15	中央邦	771	897	30	本地治里邦	1 301	1 309
	印度整体	816	1 000				

3. 巴西

巴西主要采用贫困线和极端贫困线这两大标准对贫困家庭进行分类，巴西政府根据近 5 年的消费支出数据来确定贫困线标准。巴西政府根据食品价格指数对食品线标准做出调整，根据一般通货膨胀指数对贫困线标准做出调整。如果家庭收入不到最低工资的 25%，则证明该家庭处于极端贫困状态。如果家庭收入不到最低工资的 50%，则证明该家庭处于贫困状态。而随着最低工资水平的变化，巴西的极端贫困线标准也会发生变化。目前巴西的极端贫困线和贫困线分别为每人每月 116.25 雷亚尔、每人每月 232.50 雷亚尔。巴西的诸多扶贫项目例如现金转移支付项目就采用了贫困线标准。

4. 南非

南非签署了联合国千年发展目标文件以后，承诺至 2015 年底，减少国内一半以上的贫困人口。南非国家统计局于 2007 年正式公布了官方贫困线标准。根据该贫困线标准，南非也提出了用于满足人们日常生活最低能量的商品清单，并根据该商品清单中的内容，估算了南非每人每月的货币支出需要。南非医学研究委员会（MRC）认为南非每人每天需要获得 9 464.21 千焦耳热量，根据南非 2000 年关于收入与支出的调查数据，每人每月需要支出 211 兰特，方可满足其每人每天 9 464.21 千焦耳热量的需要。南非于 2014 年修正了其贫困线标准，其人均每月可支配收入上调至 501 兰特，其中有 355 兰特用于购买食品。根据南非国家贫困线标准，可以看出南非 2014 年贫困人口在总人口中的占比为 21.5%，与 2010 年相比，增加了 1.5%。另外，南非自始至终未能解决其贫富悬殊问题。2000—2011 年，南非的基尼系数为 0.64~0.67，可以看出南非的贫富差距较为悬殊。

（二）澜湄国家

1. 老挝

老挝主要根据世界银行的贫困线标准来制定本国的贫困线标准。2013 年，老挝的国家乡村发展和贫困消除领导委员会，根据世界银行的相关数据以及本国的经济发展，制定了老挝新的贫困线标准，提出农村贫困户是人均月收入低于 25.3 万基普的家庭，城镇贫困户是人均月收入低于 28.4 万基普的家庭，折合为美元分别为 31.3 美元和 35.14 美元。根据其出台的新贫困线标准，2016 年老挝共有 7.631 8 万贫困家庭，在老挝全国家庭总数中的占比为 6.56%。1992—2012 年，老挝的国家贫困发生率明显下降，减少了近一半贫困人口。2013 年和 2015 年，老挝的全国贫困发生率分别为 15% 和 6.59%，老挝于 2015 年完成了将全国贫困发生率降至 10% 以内的目标。

2. 缅甸

缅甸制定了食物贫困线标准和非食物贫困线标准。2015 年 1 月，缅甸政府提出非食物贫困线标准为人均每天消费支出 1 303 缅元（城市）或人均消费支出 1 241 缅元（农村）。缅甸的食物贫困线标准为成人人均每天 850 缅元（城市）或成人人均每天 805 缅元（农村）。缅甸成人人均每天总消费支出中位数分别为 1 644 缅元（城市）和 1 575 缅元（农村），成人人均每天食物消费支出中位数分别为 953 缅元（城市）和 917 缅元（农村）。具体如表 3-4 所示。

表 3-4　缅甸的贫困线　　　　单位：缅元/天

项目	成人人均（城市）	成人人均（农村）
非食物贫困线	1 303	1 241
食物贫困线	850	805
成人人均消费	2 362	1 492
总消费支出中位数	1 644	1 575
食物消费支出中位数	953	917

　　与农村地区相比，城市地区的消费支出中位数高出 4.38% 左右，城市地区和农村地区的成人人均每日消费分别为 2 362 缅元和 1 492 缅元。由此可见，缅甸农村地区的贫困问题更加严峻。根据非食物贫困线标准，缅甸的农村地区和城市地区的贫困人口占比分别为 38.8% 和 14.5%。在总共 1 580 万贫困人口中，农村地区和城市地区的贫困人口分别为 1 380 万和 200 万。根据食物贫困线标准进行计算，缅甸农村地区和城市地区的贫困人口比率分别为 30.2% 和 11.3%，远低于按照非食物贫困线标准计算得到的贫困人口比率。

　　3. 泰国

　　1998 年，Kakwani 和 KrongKeaw 提出了计算贫困线标准的方法，该方法被泰国内阁认可后，泰国经济社会发展局公布了泰国的官方贫困线标准。官方贫困线标准属于泰国政府根据满足个体基本所需的食品价格和非食品价格计算出来的绝对概念，当家庭平均人均收入低于官方家庭贫困线标准时，该家庭就属于贫困家庭。

　　截至 2013 年底，按照每人每年平均收入 6 218 泰铢，折合 206.64 美元的贫困线标准，泰国贫困人口高达 710 万。泰国农村地区的贫困人口远多于城镇，农村贫困人口在泰国总贫困人口中的占比高达 70%，因此，泰国的贫困问题也主要集中于农村。相比于泰国的中部和南部而言，泰国的东北部地区和北部地区的经济发展水平较为落后，生活于这部分地区的人们的生活水平也显著低于其他区域。尽管泰国近年来的社会经济发展速度较快，但泰国东北部地区和北部地区的经济发展仍然较为滞后。国内的贫富差距拉大，尤其是泰国首都曼谷和其他城市相比，二者社会经济发展水平以及人均收入水平都存在较为显著的差距，这就标志着泰国仍然存在极为显著的收入不均等和机会不均等问题。根据世界银行公布的数据，1981 年和 1992 年，泰国的基尼系数分别为 0.452 2 和 0.478 6，随后，泰国的基尼系数呈现逐年下滑的趋势，截至 2010 年底，泰国的基尼系数为 0.393 7，已经低于 0.4 的国际警戒线。

第四章 国际反贫困政策与措施

国际上制定的具有明确扶贫目的的政策措施较多，根据各项政策的功能定位和各国政府以及国际组织实施扶贫政策的实际情况，可以将这些扶贫政策划分为如下几种类型：第一，为社会公众提供更加良好的生活条件和生产条件的政策，例如环境保护政策、建设公共基础设施政策；第二，增加生产投入要素的政策，例如人口与移民政策、绿色革命政策、土地改革政策和人力资本政策等；第三，再分配政策，例如公共支出政策、财政补贴政策；第四，公共治理政策，例如社会基本制度改革政策、政治制度改革政策、扩大参与和赋权政策；第五，消除不确定性因素对经济生活产生影响的政策，例如构建社会安全网政策；第六，推动市场进一步完善的政策，例如金融发展政策、贸易开放政策；第七，农业现代化政策、城镇化发展政策；第八，国际减贫协调与合作政策，例如结构调整政策。事实上，各国政府和国际组织在制定和实施具有扶贫目的的政策时，一般不会只考虑单一的目的，而是会从多个角度出发赋予政策多个功能和目标。

过去 30 年，学者们广泛而深入地分析了土地改革政策和绿色革命政策，已经充分认可了这两项政策在扶贫方面的重要作用。本章接下来将主要分析国际政策协调、公共治理、扶贫性金融发展、人力资本投资和公共基础设施建设等政策对缓解贫困的实践效果。但本章不准备进行全景式的政策回顾，而是通过对某个具体政策进行详细分析，获得更具有针对性和实质性的分析结果。

一、人力资本投资

人力资本投资可以显著地提高个人或家庭的收入水平，并促进国家经济增长，理论界和政策界都已经充分认可了这一结论。因此，目前国际反贫困政策中，主要讨论了通过教育和健康投资来缓解贫困。

（一）基础教育

学者们研究发现，发展中国家如果能够增加对落后地区的教育投资，尤其是增加对妇女教育和基础教育的投资，往往能够获得极为可观的回报（Sen，1999）。因此，目前各国政府所构建的减贫政策体系中，基础教育投资占据着重要地位。一个国家和地区的入学率，主要受家庭直接教育成本即学费的影响，因此，政府普遍会采取低收费或免费政策进行基础教育投资。

Zhang（2004）对中国九年义务教育的实施情况进行了研究，发现义务教育全面提高了国内适龄儿童的入学率，使得 2002 年我国小学入学率达到98.6%、初中入学率达到90%。农业部政策研究中心（2001）研究发现，教育可以显著地增加农民的收入。事实上，中国教育的普及与推广，也推动了中国近 20 年经济的快速增长，为中国扶贫工作的顺利开展奠定了坚实的基础。

Avenstrup（2004）主要对乌干达、肯尼亚、马拉维和莱索托等几个国家实施免费基础教育的情况展开了深入调研，发现免费基础教育可以有效提高各个国家的入学率、入学人数，这无疑能够为穷人摆脱贫困提供帮助。例如，乌干达的富有阶级和穷人阶级的入学率几乎相等。有学者在研究中提出，推广和普及基础教育，也有利于国内民主政治的发展，引导社会公众积极参与政治，进而帮助穷人摆脱贫困。根据这 4 个国家实施免费基础教育的调研结果，即使国家的财政实力较弱，也可以实施免费基础教育，但国家必须找到有效保证教育质量、确保免费基础教育政策具备可持续性的方法。

中国的基础教育投资领域仍然存在诸多问题，城乡基础教育资源分配不均、初等和高等教育资源分配不均等问题仍阻碍着我国教育事业的发展。2005年，我国政府明确提出在全国范围内实施"两免一补"政策，重点针对农村家庭经济困难学生提供基础教育补助。截至 2019 年底，全国范围内已基本实现了免费义务教育。未来还需要进一步探讨实施免费义务教育中我国中央政府和地方政府各自应当承担的责任、资金和资源分配问题。

（二）健康

因病致贫是产生贫困的一个重要原因。发展中国家如果能够进一步扩大基础医疗保健服务的供给，提高全民的健康水平，一方面可以为本国积累更多的人力资本，另一方面也可以有效减缓贫困。农村居民和城市居民相比，本身在社会福利和经济层面处于弱势地位，如果政府可以通过各项制度和政策，为农民群众提供充足的基础医疗保健服务，实现医疗资源的合理配置，将更有利于平衡农村居民和城市居民的社会福利。这里将对比分析中国和伊朗实施的农村基础医疗保健制度。

　　伊朗政府出台的基础医疗保健制度，主要目的是为偏远地区或农村地区的居民提供充足的医疗保健服务，避免城镇和乡村之间的医疗保健出现过大差距。伊朗所出台的基础医疗保健制度主要包括三部分内容：第一，依托于现代信息技术打造卫生信息系统，实现伊朗基础医疗保健的信息化管理；第二，在人口较少的地区或者偏远地区建立卫生室，主要负责收集和整理公共健康教育和卫生相关的数据，加强家庭或社区的免疫控制、疾病控制，乡村医疗网络层级中的二三级将直接为医疗室供给医疗资源；第三，在每一个卫生室均配备充足的医务工作人员。伊朗在制定并实施基础医疗保健制度以后，本国农村居民的健康水平得到了大幅提升。1974—2000 年，伊朗农村和城市的新生儿死亡率和婴儿死亡率都出现了大幅下滑的态势，并保持大致相当的水平；在这个时间段内，伊朗 5 岁以下儿童死亡率的波动较大，每 1 万名活产婴儿的孕产妇死亡率大幅下滑，从原本的 370 人降低至 35 人。另外，伊朗农村地区的其他免疫和药品使用量，也基本达到了与城市地区持平的水平，甚至有部分农村地区还高于城市地区（Mehryar，2004）。伊朗制定并实施基础医疗保健制度的实际情况说明，即使国家或地区相对贫困，资源有限，如果政府部门能够通过有效的制度安排和政策措施，从宏观层面完成对资源的合理配置，加强目标导向和人员监管，也能够为本国公民提供充足的基础医疗保健服务。

　　早在 20 世纪 60 年代，我国就已经开始制定农村合作医疗制度，该项制度实现了农村基础医疗保健服务的全面推广与普及。尽管在 20 世纪 80 年代，此项制度无疾而终，但国际社会对中国制定并实施的农村合作医疗制度仍保持了较高的关注度。因此，有学者研究发现，即使中国当时的收入水平较低，仍然可以通过农村合作医疗制度为农村居民提供公共服务，推动了社会发展（Dreeze、Sen，1989）。农村合作医疗制度能够以计工分的形式，由当时的生产队为村卫生员发放报酬，且村卫生员会按照成本价向村民收取看病用药的费用，确保农村居民拥有良好的基础医疗服务。我国实施合作医疗制度以后，极大地降低了农村的婴儿死亡率，并提高了中国农村的人均预期寿命（朱玲，2000）。

　　部分学者分析了中国能够成功实施合作医疗制度的原因：第一，中国政府从政治上对实施合作医疗制度给予了高度重视，为此项制度在我国农村地区的推广与普及创造了良好的外部环境；第二，农村基层组织实现了全民控制，这就避免了合作医疗制度在实施过程中出现逆向选择问题；第三，20 世纪 60 年代，我国正处于集体经济体制下，这就为我国农村地区实施合作医疗体制解决了资金问题。在计划经济下合作医疗制度成本较低，有利于实现医疗资源的合理整合。但是在改革开放以后，原有的政治制度和经济制度发生了翻天覆地的变化，导致合作医疗失去了生存的空间，这也是合作医疗制度迅速被瓦解的主要原因（顾昕、方黎明，2004）。根据这些学者研究农村合作医疗制度的案例分析结果可以看出，即使在改革开放之前，我国农村合作医疗制度在实施过程中也存在诸多问题，例如分配不均、财务不可持续问题等。这也是农村合作医疗制度无法延续的主要原因。

2003年，我国政府正式开始实施新型合作医疗制度，此项制度在2010年正式在全国推广。2016年，国务院出台《关于整合城乡居民基本医疗保险制度的意见》，整合了城镇居民基本医疗保险和新型农村合作医疗两项制度，建立了统一的城乡居民基本医疗保险制度，是推进医药卫生体制改革、实现城乡居民公平享有基本医疗保险权益、促进社会公平正义和增进人民福祉的重大举措，对促进城乡经济和社会协调发展，早日全面建成小康社会具有重要意义。2017—2019年，国务院相继出台了《关于进一步深化基本医疗保险支付方式改革的指导意见》《关于做好2018年城乡居民基本医疗保险工作的通知》《关于印发医疗保障标准化工作指导意见的通知》等文件，进一步加强制度整合，理顺管理体制，提升服务效能。2020年，国务院出台的《关于深化医疗保障制度改革的意见》，提出医疗保障是减轻群众就医负担、增进民生福祉、维护社会和谐稳定的重大制度安排。党中央、国务院高度重视人民健康，建立了覆盖全民的基本医疗保障制度。党的十八大召开以后，全民医疗保障制度改革持续推进，在破解"看病难""看病贵"问题上取得了突破性进展，为深入贯彻党的十九大关于全面建立中国特色医疗保障制度的决策部署，着力解决医疗保障发展不平衡不充分的问题奠定了扎实的基础。

城镇居民基本医疗保险是社会医疗保险的重要组成部分，政府机关占据主导地位，居民自愿参保，居民个人缴纳大部分费用、政府缴纳剩下的部分费用进行筹资，缴费标准依据当地工资水平而定，以此来减轻城镇居民看病就医负担。城镇居民基本医疗保险补贴性较强，个人缴纳一部分保费，政府补助大部分费用，减轻了家庭负担；参与城镇居民基本医疗保险的社会成员不需要体检，遵循自愿参保的原则，且多数病种都能享受补贴。2018年，中国参加城乡居民基本医疗保险89 736万人，同比增加7.2%；2019年中国参加城乡居民基本医疗保险102 483万人，比2018年增加12.4%。城镇居民基本医疗保险政策的实施加快了我国社会主义现代化建设，完善了我国的社会保障体系，也是党执政为民的本质要求，让改革的成果惠及更广大人民群众，为最终实现基本医疗保险的城乡一体化奠定了基础。

二、公共基础设施建设

众多学者已充分强调了加强公共基础设施建设，能够在促进社会经济增长和减缓贫困方面发挥重要的作用。从发展中国家在公共基础设施建设方面的经验可以看出，在贫困地区加强公共基础设施建设，将从如下几个方面影响贫困群体：第一，加速公共基础设施建设，有利于为穷人提供更多的工作岗位，为穷人带来更多的酬劳（张伟新，2000）；第二，改善基础设施，可以提高市场的经营效率和生产力，也可以有效控制生产风险，非农产业将会在完善的基础设施条件下得到快速发展，市场规模得以快速扩张，从而提供更多的就业岗位（Escobal，2001）；第三，加强通信基础设施、电力基础设施、水利基础设施和公路基础设施的建设，能够为贫困人群提供更加便利的贸易环境，有利于贫困人群进入市场（Venables，1999）；第四，改善基础设施，可以帮助穷人获得公平的教育机会，也可以改善穷人的卫生保健条件，有利于穷人积累更多的人力资本（Chan Kang，2005）。

部分学者分析了公共基础设施建设和减贫之间的关系。Kwon（2001）收集了印度尼西亚1976—1996年21个省的面板数据进行分析，发现道路建设会产生极为显著的减贫效应，这是因为当某省份的道路设施更加完善时，其作物产出效率更高，灌溉服务水平更好，这些省份也可以为居民提供更多的非农工作机会。Dercon和Krishnan（1998）主要根据埃塞俄比亚的家庭数据展开分析，探讨了贫困变动的影响因素，发现良好的道路基础设施可以达到显著减缓贫困的目的。Fan和Chan Kang（2005）主要评估了中国道路建设和减贫之间的关系，认为加速不同区域的道路建设，可以明显减少这个地区的城市贫困或者农村贫困，随后他们针对城市贫困和农村贫困的道路建设减贫边际回报展开了深入分析，其研究结果为政府部门制定交通基础设施建设投资方向提供了重要参考。

但并不是所有的穷人都能够在基础设施建设进程中获得帮助。第一，大型工程项目的建设会侵占农民赖以为生的土地，不少农民只能被迫迁移，甚至会损失大量的经济福利（Songco，2002）。第二，同一社区的不同个体利用公共基础设施的能力存在较大差异，而这种差异也会导致不同个体在基础设施建设中所获得的收益不相同，因此，基础设施的改善对不同区域产生的减贫效果不同，反而有可能会增加经济不平等（Khan、Riskin，2001）。即使基础设施改善可以通过促进经济增长为贫困人口带来减贫的效果，这种减贫效果也会因为经济不平等的增加而被削弱。第三，从实践来看，其余配套设施仍然会对基础设施和减贫之间的关系产生影响。Escobal（2001）在研究中发现，教育和电力等其他基础设施的投资，将决定交通基础设施的建设是否能够发挥减贫的作用。

有效监管对基础设施建设的减贫效果也将产生深远的影响。早期的人们主要采用成本收益法对基础设施建设项目的价值和收益进行评估，此种方法将主要对比分析消费者剩余价值和项目投入成本，如果评估的结果比临界水平的内部收益率更高，就证明该项目具有可实施性。成本收益法主要集中于分析该项目的经济收益，部分学者认为此方法具有较大的局限性，这是因为当某地区本身拥有良好的经济条件时，采用成本收益法将能够获得更多的基础设施建设项目，从而剥夺了贫困地区的建设资源（Walle，2000）。也有一些学者提出，针对贫困地区的基础设施投资项目进行价值评估时，不应当过度关注该项目的经济收益，而是应当从贫困居民的教育、健康和其他社会影响等多个角度出发进行综合性评估，才能充分发挥基础设施建设的减贫效应（Songco，2002）。

三、小额信贷

由于存在政府干预、市场垄断和交易成本过高等问题，发展中国家的金融市场发育不充分，家庭和中小企业在缺乏担保的情况下，正规的金融机构并不愿意为其提供信贷服务，这就使得家庭和中小企业往往无法有效积累物质资本和人力资本（Morduch，1999）。为了解决这一问题，我国政府在20世纪50年代初就采取了各种干预手段，例如强制性限制存贷款利率、扩大金融机构规模等。经过30余年的发展，在政府的强制干预之下，正规金融机构得以迅速扩张规模，国内的农户贷款和中小企业贷款规模成倍增长，从整体上降低了农村金融市场的利率。但与此同时也存在贷款对象无法有效瞄准、金融机构和政府之间存在逆向选择和道德风险以及不良贷款率过高等严峻问题（VonPischke，1992）。理论界对上述干预手段的后续发展持悲观态度，但20世纪80年代出现的小额信贷，又为政府干预金融市场发展提供了一个新的思路。

小额信贷机构和传统正规金融机构存在显著的差异：第一，服务群体差异。小额信贷机构所服务的群体大多为正规金融机构不愿意服务的群体。第二，功能定位差异。小额信贷机构不仅能够为用户提供金融服务，还能够为用户提供包括法律援助、扶贫和扩大参与等在内的多元化社会服务。第三，贷款规模和还款期限差异。小额信贷机构的规模普遍小于正规金融机构，小额信贷机构为用户提供的贷款服务期限普遍较短。第四，贷款风险控制技术差异。小额信贷机构提出了更多创新性风险控制机制，例如动态激励机制、同伴选择、基于社会资本的抵押替代和同伴监督等。小额信贷机构的出现突破了传统的金融理念和扶贫理念，体现出了和正规金融机构截然不同的发展理念。孟加拉国的 GB、印度尼西亚的 BRI 和 BancoSol、拉丁美洲的 FVB 等主流小额信贷机构在近 20 年得到了快速的发展，在全球已经表现出了超强的影响力。GB 目前的贷款客户已经超过 320 万人，妇女占其中的 95%，在全球范围内共有 1 178 家分支机构，资产高达 30 亿美元，能够为全球 4 万多个村庄提供贷款服务。BRI 的存款客户规模和贷款客户规模分别为 3 000 万人和 310 万人（Maurer，2004）。这些操作模式已开始在发达国家普及（Colin，1999），甚至有传统金融机构也开始学习小额信贷机构的操作模式以及服务理念，开始向农村地区的家庭和中小企业提供金融服务。小额信贷机构也获得了国际捐赠机构的帮助以及资金支持（Morduch，1999）。

除了对小额信贷机构的贷款规模、服务人数、数量和还款表现进行分析外，部分学者开始从长远规划出发，分析小额信贷对贫困居民社会生活以及经济生活带来的影响，并提出了诸多具有争议性的学术观点。Khandker（1998）利用 BIDS 和世界银行的调查数据探讨了小额信贷所产生的影响，发现小额信贷项目的顺利开展，能够帮助贫困人口有效积累资本，实现消费平滑，甚至可以通过小额信贷项目提高妇女的福利水平。他在后续的实证分析中还发现，从长期来看，小额信贷对减贫能产生正面影响，但是从总量上来看，这种影响并不显著。Morduch（1998）利用了 Khandker 收集起来的数据并采用了不同的方法进行实证分析，发现小额信贷几乎不会对减贫产生影响。Pitt 和 Khandker（1999）则认为 Morduch 采用的分析方法存在错误。Khandker（2003）收集了孟加拉国小额信贷项目的面板数据进行研究，发现从长期来看，小额信贷项目可以有效减缓贫困。

学者们纷纷分析小额信贷案例，其研究结果存在一定差异。Iqabl（2004）对埃及的小额信贷项目进行研究，发现小额信贷项目能否有效改善其接受者的经济状况，会受到其他因素的影响。小额信贷为具有创新精神的贫困人群供给信贷服务时，发挥的效果更加显著。印度尼西亚 BRI 的客户主要为中小企业和低收入群体，但其服务对象普遍为拥有支付能力和从事经济活动能力的贫困劳工（Maurer，2004）。从学者们的研究结果来看，小额信贷为相对贫困群体提供信贷服务，能够为这部分群体摆脱贫困提供帮助。但小额信贷的覆盖面较窄，对贫困程度较深的人群产生的减贫影响存在局限性，仅通过小额信贷，无法从根本上解决贫困程度较深群体的贫困问题。较穷的人在小额信贷项目中所获得的贷款规模不足 25%，这也是小额信贷的减贫效应较弱的主要原因。未来还需要加强质量控制和数据收集，才能更加严格和谨慎地分析小额信贷的减贫影响。此外，大部分小额信贷组织在发展过程中都存在盈利性问题、可持续性问题和过度监督问题。本章将不针对这些问题展开深入讨论。

四、扩大参与

参与式发展是指在涉及影响广大人民生活生产状况的发展决策中，要让所影响的广大人民作为决策主体的重要成员参与决策过程，全面介入发展决策。目前的国际扶贫政策从不同层次反映出扩大公众参与度的目的。参与式发展具有多方面的意义：一是参与式发展可以提高穷人的独立性，有利于穷人未来依靠自身的能力摆脱贫困（Beresford、Hoban，2005）；二是成人通过参与式发展可以更清晰地表达自身的利益诉求，使得国际扶贫政策能够更好地定位目标人群，使得发展的成果能够被更多的穷人分享（UNESC，2005）；三是参与式发展为穷人提供了提高自身创造力的渠道，将有利于提高整个减贫项目的效率以及可持续性，同时可以将一个政府的责任感充分体现出来（Beresford、Hoban，2005）；四是穷人作为国际扶贫政策中的被动受益者，也必须参与到国际扶贫政策的实施活动中，才能将他们的主观能动性发挥出来（Sen，1999）。

Turk（2001）主要研究了越南的参与式贫困评估工作，认为此项工作的开展，对中央政府和地方政府的政策形成以及扶贫项目的设计与实施，都产生了较大的积极影响，有效改善了贫困居民的经济福利水平。在中国贵州纳雍县的参与式贫困评估活动中，社区居民对贫困成因、减贫政策和贫困状况的了解，与地方政府的理解存在较大差异。而参与式贫困评估，将有利于缩小社区居民和地方政府的理解差异，使地方政府能够充分了解贫困居民的实际需要和偏好，以便于提出有针对性的扶贫政策。与富人相比，社区公共资源往往会对穷人的福利水平产生更加深远的影响。如果能够实现社区公共资源的合理配置，就有利于减缓贫困（Sunderlin，2006）。印度 Madhya Pradesh 的联合森林管理（JFM）在实践中发现，如果森林使用者和林业部门之间可以实现信息共享、权力共享，包括决策权、控制权和责任等，就可以对林地利益相关者形成有效约束，使其有节制地开发林地资源。Kumar（2002）主要研究了印度 Jharkhand 的联合森林管理，认为这项计划中尽管也有穷人参与，但非穷人的偏好在这项计划中的表现更加明显，长此以往，必然会导致富人越富、穷人越穷。因此，他在研究中提出，必须针对穷人建立补偿机制，Jharkhand 计划才能够真正帮助穷人摆脱贫困。

然而，在实践中，参与式扶贫也存在一些问题需要加以解决。有的发展援助机构还未能深刻理解赋权和参与二者之间的差异，也未能充分了解赋权和参与的复杂性及其不足（Oakley、Clayton，2000）。Botchway（2001）主要分析了加拿大—加纳联合资助农村发展计划。他认为此项计划并不足以界定穷人的需求有限性，导致加拿大在重组经济社会环境时，无法让穷人获得收益；此外，加拿大在运用参与方法时，还需要充分考虑很多的经济制度、社会制度和政治制度。Mayoux（2001）重点研究了喀麦隆的参与式小额信贷计划，发现女性赋权情况在扩大参与中得到了明显的改善，但严格的层级制度极大地限制了女性的贷款能力和处置能力。扩大参与涉及多方面内容，过高的参与要求，也会极大地增加操作成本，而简单参与又不足以帮助穷人脱离贫困，因此，政府部门还需要结合地方制度背景、穷人的自身特征来制定参与政策（Sunderlin，2006）。尽管在社区发展和扶贫项目中人们强调了扩大参与的重要性，但是学者们很少对穷人生存状况和扩大参与之间的相关性展开严格的计量评估（Severo，2002）。

五、社会安全网

社会安全网主要指的是为贫困脆弱性群体所实施的政策安排或转移支付计划。社会安全网具有非供款性，于是也有部分学者将其称为社会福利计划或社会救济计划。社会安全网所包含的内容较广，包括公共劳务、现金转移支付、价格补贴和食品相关计划等内容。一方面，社会安全网可以实现收入再分配，帮助家庭和个人避免出现短期贫困；另一方面，社会安全网能够帮助个体或群体有效克服社会风险，避免短期冲击对个体或群体的社会生活、商业活动产生负面影响。由此可见，社会安全网的瞄准对象是直接贫困群体或有可能陷入贫困的群体。

有条件现金转移支付（Conditional Cash Transfers，CCT）可以通过货物补助、货币补助等方式来减缓贫困，以便于贫困家庭积累大量的人力资本，避免家庭未来仍然陷入贫困。CCT 在选定了目标家庭以后，家庭成员的劳动力选择和收入水平发生变化，也不会对 CCT 的补助金额产生任何影响，确保家庭成员不会因 CCT 而出现逆向激励（Soufias、diMaro，2006）。目前具有代表性的 CCT 项目国家主要包括墨西哥、巴西和厄瓜多尔。

墨西哥的 PROGRESA 是一项针对农村贫困地区的有关教育、健康和营养的大型 CCT 项目，是同类项目中运行得比较成功的，并且拥有完备的记录，因此被学者们广泛研究。成年人的劳动选择是 CCT 项目取得成功的关键，Skoufias 和 diMaro（2006）研究了 PROGRESA 计划对家庭成年人劳动力供给的影响。基于面板数据的分析表明，PROGRESA 计划对成年人的劳动力参与在长期没有影响，并且没有出现因为有外部援助而减少劳动力供给的现象，这与一般的经济行为模型预期相反。此外，Skoufias 和 diMaro（2006）还发现，PROGRESA 计划的实施显著地减少了家庭贫困，这种显著性对不同标准的贫困线都是稳健的。

Gertler（2004）针对 PROGRESA 计划和农村地区儿童健康之间的相关性展开了回归分析，发现 PROGRESA 计划的实施，可显著地降低新生儿发病概率和儿童发病率，在计划实施两年后，0~35 个月儿童发病率下降了 39.5%，另外，儿童低身高概率和贫血概率在实施计划以后也得到了明显降低。Gertler 在后续的研究中明确提出，有可能是因为政府进行了大规模的现金补贴，才极大地提高了儿童的健康水平和营养水平，因此，PROGRESA 计划的实施能否有效改善农村地区儿童健康状况还有待进一步研究。

Bourguignon 等（2003）主要研究了巴西的 Bolsa Escola 计划，分析了此项计划对于贫困、儿童入学率和劳动力供给所产生的影响，发现巴西 10~15 岁儿童的入学率能够因 Bolsa Escola 计划的实施而得到明显提升，但是慈善计划并不会显著影响贫困和不平等。这就和 Skoufias 和 diMaro（2006）所提出的研究成果恰恰相反。Schady 和 Araujo（2006）主要分析了厄瓜多尔的 Bonode Desarrollo Humano（BDH）项目，认为此项目的顺利实施能够显著地提高儿童的入学率。

根据上述学者所提出的研究成果，CCT 项目的实施从整体上可以达到显著的减贫作用，但是对不同地区的减贫效果存在较大差异。对这些项目的经验和教训进行归纳和总结，可以看出政府在实施计划时，能够进行科学的目标瞄准与目标定位，也会有效调整短期减贫目标和长期减贫目标之间的关系，制定较为完善的劳动投入激励机制、信息系统，以便于后续进一步优化 CCT 项目的实施。

六、国际减贫战略报告

世界银行和国际货币基金组织在 1999 年召开的秋季年会上通过的受援国减贫战略报告（PRSP）提出了获得重债穷国资助资金的主要依据，这就标志着结构调整政策（SAP）正式结束。国际货币基金组织于 1999 年 11 月正式宣布，原有的"加强的结构调整贷款"（ESAF）机制将被调整为"减贫与增长贷款"（PRGF）。

PRSP 有五大基本原则：第一，尊重当地国情，确保民间组织或社会组织能够广泛参与减贫工作，以确保减贫战略的国际化发展；第二，挖掘贫困本质，从多个角度出发深刻理解贫困的本质内涵；第三，协调参与，应力求加强合作伙伴之间的有效协调与参与，使外国捐助者、政府以及国内利益相关者等合作伙伴均能够参与到减贫战略中；第四，明确目标，必须充分明确减贫战略的长期发展目标；第五，注重成果，必须让贫困群体充分享受减贫战略的实施成果。相比于 SAP，PRSP 具有极其鲜明的反贫困立场，强调社会组织以及各阶层都应当广泛地参与到减贫战略中。减贫战略报告的主要内容包括：增加人力资本投资，为减贫战略的顺利实施奠定基础；充分意识到益贫增长的重要性；加强反腐败工作，切实提高减贫组织的公共责任心，以达到提高减贫战略水平的目的；构建社会安全网，针对边缘化人群制定具有针对性的措施，解决这部分人群在减贫战略实施进程中的融资问题。

学者们对于实施 PRSP 也存在诸多争议。Craig 和 Porter（2003）在研究中提出，目前只有有限的 PRSP 案例获得了成功，在实际的实施过程中，仍存在诸多现实问题亟待解决。Hellinger 等（2001）甚至认为 PRSP 只是典型的结构调整政策，并未真正改变 SAP 时期的宏观经济调整的核心内容。Sanchez（2003）认为减贫战略中所提到的减贫策略和目标，实质上已经和新自由经济的发展目标相悖，新自由经济认为应推动贸易自由化和经济私有化发展。在减贫战略中，未能充分体现出结构性不平等问题和平等问题，也未能针对贫困弱势群体制定有针对性的措施或政策。PRSP 主要在非洲地区实施，因此学者们也主要研究了非洲的 PRSP 案例，提出了诸多有参考价值的研究成果。截至2004 年 8 月底，非洲地区提出减贫战略报告的国家多达 30 个，其中有 21 个获得了国际货币基金组织和世界银行的认可（安春英，2005）。乌干达是非洲国家中最早实施减贫战略报告的国家，获得了极其显著的减贫效果。自 2001 年起乌干达实施减贫战略报告后，其生产总值年均增长率就在不断攀升，2003年达到 5.6%，人口出生时的预期寿命在 2000—2003 年提高了 5 岁，获得清洁饮用水的人口比例也提高了 8%。正因为如此显著的成果，才使得国际货币基金组织和世界银行对乌干达的减贫战略报告实施成果给予了高度的认可。

综上所述，当前 PRSP 在非洲地区的实施还存在诸多问题，在全球其他地区也未能得到全面实施，因此，目前还无法针对 PRSP 的减贫效果进行综合全面的评估。尽管在短期内，PRSP 拥有了少部分成功案例，但在主体协调参与问题、目标与时间匹配问题、宏观目标分解问题等方面，减贫战略报告内容还有待进一步完善。这也是未来贫困政策研究的重点。

第五章　国际减贫的经验、教训与启示

一、发达国家比较注重社会保障托底扶贫

（一）重视系统设计

以美国为代表的发达国家重视对扶贫的系统设计，注重采用精细化扶贫方式，提高国家的扶贫效率，并基于扶贫工作的精细化分类，通过就业减贫和教育减贫的方式来减缓贫困，有效杜绝返贫。美国将现金、服务、实物等有机结合为多元化的扶贫方式，针对不同贫困群体展开了不同的公共援助，在确保多方受益的情况下，引导贫困人口尽快脱贫。例如，面对无劳动致富能力的贫困群体，美国政府提供了社会安全网保障措施，可以向其发放现金补贴，实施医疗救助和实物援助；面对有劳动能力的贫困群体，美国则会开展就业减贫等扶贫方式，实行退税补贴或贫困家庭援助计划等，可以有效提高贫困家庭的收入水平，帮助贫困人群成功脱贫，同时也可以为企业提供大量的高素质劳动力。

（二）以社会保障体系为基础

发达国家普遍建立了较为完善的社会保障政策体系，表现出了极强的扶贫能力，其社会保障政策主要划分为两种类型：一是普惠制度型，此类社会保障政策的覆盖面更广，属于普惠型社会福利体系。欧洲国家主要建立了普惠制度型的社会保障体系，为全体公民提供无差别的社会公共福利。二是选择补救型，当社会中出现贫困人口，产生了贫困救助需求时，政府会按照一定的标准或计划针对这部分贫困人口展开精细化扶贫，属于选择型社会福利体系。美国就建立了选择补救型的社会保障政策体系，在全体公民购买社会保险的基础上，针对有贫困救助需要的对象提供公共援助和公共福利。

（三）市场化管理方式

美国政府鼓励各州政府和联邦政府在减贫工作方面建立长期合作关系。克林顿政府时期，美国众议院通过了《个人责任与经济机会协调法案》，此后美国联邦政府向各州政府下放了福利管理权限，各州政府可根据自身的实际情况来衡量本州的贫困人口数量，决定本州的援助数额。美国政府将通过开展公共援助项目的方式，由政府购买服务，引导社会公众以及企业参与到公共援助项目的运作中来。例如，在开展医疗救助项目时，美国政府就与医疗护理组织签订了长期合作关系，由政府购买医疗护理组织所提供的医疗救助服务，以便各州政府更快更好地为贫困人口提供社会服务。

二、发展中国家注重制定因地制宜的减贫政策

（一）收入分配再调节

导致发展中国家出现贫困人口的原因较多，但根本原因是分配不合理、发展不均衡和经济增长缓慢。因此，推动发展中国家的经济建设与发展，对其收入分配机制做出调整，将有利于从根本上解决发展中国家的贫困问题。巴西政府采取了收入再分配政策，帮助了本国一大批贫困人口脱离贫困。巴西的有条件收入转移支付计划早期的覆盖人口为全国总人口的25%，多达 1 100 万户家庭。家庭救助金计划的实施，实现了巴西收入的再分配，使一大批贫困人口正式脱离贫困。

（二）提升人力资本

所有发展中国家都深刻地意识到了加强教育是减少贫困的关键，只有实现了基础教育的普及与推广以及职业教育的升级与发展，才能真正提高本国的人力资本素质，达到减贫的目的。巴西存在较为突出的人力资源发展不均衡问题，国内居民的受教育程度参差不齐，不同区域和不同阶层的居民受教育程度存在较大差异，这就导致贫困人口无法参与到社会事务中，也无法享受巴西社会经济发展的成果。因此，巴西政府在 20 世纪 90 年代就开始增加基础教育经费投入，甚至实施了扫盲培训班计划，当家庭接受国家的食品救济时，该家庭成员必须参加巴西政府所开的扫盲培训班，而此项计划的成功开展，也确实提高了巴西的人力资本素质。

（三）重视儿童贫困

儿童是家庭的未来，只有减少儿童贫困，才能从根本意义上解决贫困问题，阻断贫困的代际传递。发展中国家也深刻地意识到了儿童贫困问题的重要性，针对儿童营养问题、儿童教育问题和儿童健康问题也提出了诸多解决对策。尽管不同发展中国家的背景不同，减少儿童贫困的做法也存在差异性，但归根结底具备如下几个特点：第一，在设计减少儿童贫困的相关政策与法规时，注重顶层设计，出台了各项专项政策；第二，在制定及执行各项政策时，政府部门需要承担政策执行的主体责任，但同时强调了社会参与的重要性；第三，聚焦于儿童营养问题、教育问题和健康问题，采取了诸多有针对性的政策。

（四）寻求国际减贫合作

"一带一路"沿线国家已经意识到"南南合作"在经济全球化发展背景下的重要性和必要性，越来越多的沿线国家开始在"一带一路"沿线寻求合作与发展的机遇。泰国中央银行行长明确提出，泰国位于东盟地区的核心地带，具有十分优越的地缘政治地位，是整个东盟地区的金融中心、贸易中心和物流中心，也是中国和东盟市场建立联系的纽带。因此，在"一带一路"倡议的落实过程中，中国和泰国双方应当建立深度的合作关系，实现两个国家的合作共赢。

三、后发展国家注重借助外部力量减贫

（一）扶贫主要靠外援

后发展国家的减贫能力普遍较弱，在扶贫工作上容易陷入被动，这些国家往往贫困程度较深，且国内的贫困人口占比较高，政府部门也缺乏能力来开展扶贫工作。例如，肯尼亚政府的财政预算中，超过30%来自发达国家援助，肯尼亚只能通过发展经济和创造就业的方式，减缓国家贫困。但发达国家向肯尼亚政府实施援助，往往要求肯尼亚必须进行结构改革，只有按照国际组织或发达国家的要求，开展政治改革和社会基础设施改革以后，肯尼亚政府才能够得到发达国家和国际组织给予的援助。长久以来，后发展国家长期接受外援，缺乏开展扶贫工作的能力，也难以找到适合本国社会经济发展的道路。

（二）以外资企业促进为主

部分后发展国家的减贫以企业主导的社区减贫为主，如非洲地区。企业投资有利于推动非洲地区的工业化建设，彻底解决非洲国家的贫困问题，部分跨国企业在非洲地区的发展进程中，为当地带来了诸多先进的技术和管理经验，也推动了跨国企业所在地的社会经济发展。而这些跨国企业也为当地提供了大量的就业岗位，例如中国在非洲的企业，有超过78%的员工为当地人，甚至有部分企业中本地人超过了99%。中国在非洲的企业也会采取和当地合作的方式进行本土化经营，这种经营方式可以为非洲培养大量的本土商业精英，而这些商业精英将会成为非洲未来工商业发展的重要人才。跨国企业会在当地开展公益事业，例如中石油就累计在非洲捐助了4 500万美元，在当地大量建设学校、医院，为当地带来了大量的医疗资源和人力资源，直接受益人数高达200万。

（三）非政府组织活跃

后发展国家长期以来接受发达国家和国际组织的援助，只能模仿发达国家来建立政治体系，这就使得后发展国家拥有大量活跃的非政府组织。在扶贫工作中，政府缺乏相应的领导力。在非洲减贫工作中，非政府组织采取多元化的参与模式，但最常用的扶贫模式为间接扶贫，例如欧美发达国家的非政府组织采用的扶贫流程为：首先，针对非洲地区的地方政府或政府组织实施间接援助；其次，针对非洲国家的本土非政府组织实施援助，例如由非洲本土的非政府组织中的基层支持组织获得援助，然后再由这些基层组织向基层社区传递从援助中得到的人力资源、技术或者资金；最后，直接由发达国家的非政府组织在非洲地区建立分支机构，由分支机构在非洲国家实施援助。

四、国际减贫的启示

（一）提升贫困人群内生动力

根据各国以及各地区开展反贫困工作的经验和教训，可以看出，要想从根本上解决贫困问题，必须开展就业扶贫、教育扶贫，提高贫困人口的自我发展能力，帮助其树立正确的价值观和就业观，避免贫困人口脱贫后返贫。

（二）阻断贫困代际传递

在阻断贫困代际传递的过程中，减少儿童贫困和妇女贫困发挥着重要的作用。尽管世界很多国家（地区）已经建立了覆盖面较广的社会保障体系、教育政策体系和医疗体系，但这些保障体系均属于普惠型政策，绝大部分国家未能针对贫困地区的妇女和儿童制定具有针对性的扶贫项目，无法从根本上解决贫困妇女的就业问题。如果妇女外出打工，一方面有可能会直接流入城市成为城市新的贫困人口，另一方面也会产生留守儿童问题。因此，未来有必要针对妇女和儿童实施精准扶贫项目，尤其是应当针对少数民族贫困地区展开妇女扶贫项目，例如产业扶贫、旅游扶贫和教育扶贫，解决妇女外出打工"就业难"问题。

（三）重视城乡统筹

加强贫困人口的城乡统筹管理，能够动态化管理城镇和乡村之间的流动人口，对农村地区向城市地区转移的贫困人口进行动态跟踪调查，解决人口迁移过程中所产生的贫困问题。另外，扶贫工作还应当建立长效监控跟踪机制，以便于有效解决城市贫困加剧问题，避免贫富差距扩大。在当前的大数据时代，有条件的国家和地区可以考虑依托现代化信息技术建立城市贫困数据库，构建贫困人口动态管理系统。

（四）鼓励社会组织参与

美国、英国、俄罗斯和印度等国的扶贫经验表明，扶贫项目的"毛细血管"就是社会组织。一方面，社区扶贫项目有赖于社会组织的参与；另一方面，政府在开展扶贫项目时也需要接受社会组织的监督。因此，在基层扶贫工作中，必须将社会组织的"毛细血管"作用充分发挥出来，使其能够积极主动地帮助贫困人口脱贫。例如，引导扶贫志愿者和社区工作者积极主动地参与制定和执行农村减贫政策，发挥其在减贫工作中的主动性。

第三篇　中国的反贫困理论与实践

第六章　党的十八大召开之前中国的扶贫理论与实践

一、改革开放前中国的扶贫理论与实践

（一）新中国成立初期的反贫困理论与实践

新中国成立以前，政府也曾经对反贫困政策进行了一定的探索，但由于当时国内战争不断，社会环境动荡不安，难以集中精力发展社会经济。新中国成立以后，中国进入了和平时期，在较为稳定的社会环境中，中国的反贫困事业也进入了转折点。

新中国成立后，原有的封建土地所有制变为农民土地所有制，土地改革运动进行得如火如荼。中央政府于 1950 年 6 月正式颁布《中华人民共和国土地改革法》，中国传承数千年的封建土地制度被瓦解，此后中国开始全面推行农民土地所有制，政府在没收了地主的全部土地以后，向农民和地主重新分配土地，土地由所有者自行耕种。3 亿多在新中国成立初期未能得到土地的农民，在无须缴纳地租的情况下分得了土地、牲畜、耕具和房屋。数千年的封建土地制度在土地改革后彻底消失，打破了封建枷锁，旧的生产关系被彻底改变，广大农民得到了政府分发的土地。此时政府开始实施双重分配政策，即按劳分配和按资分配，农民耕种土地的积极性空前高涨，进一步推动了中国农业生产和社会经济发展。1950 年，中国农村地区每百户家庭只有 64 头大型牲畜，6.6 辆大型车辆，9.7 部水车，即使当时的生产条件极其落后，农民的生产积极性和主动性仍然极其高涨，中国农业正式进入合作化发展时期。截至 1953 年底，加入农业生产互助组织的农民多达 4 790 万户，在全国总农户中的占比高达 43%。截至 1956 年底，这一数据提高至 96.3%。农业生产合作社和互助合作

组织在中国农村地区遍地开花，不仅推动了当地农业的发展，提高了当地农业的生产速度，也为当地社员带来了较高的收入[①]。1952—1957 年，中国的粮食产量快速提升，1952 年的人均粮食产量为 576 斤（1 斤＝0.5 千克），1957 年，这一数据变成 612 斤[②]。

（二）社会主义建设初期反贫困理论与实践

在社会主义建设初期，中国开始探索反贫困之路。1956 年，我国正式建立社会主义制度，推动了国内的基础设施建设，反贫困事业进入了新的阶段，我国也开始建立基本社会保障制度。自此以后，中国的反贫困事业迈上了一个新的台阶。1953 年，中国顺利推进首个"五年计划"，1957 年，在提前完成了首个"五年计划"后，正式建成独立的工业体系，推动了国内工业快速发展和国民经济快速增长。伴随着经济计划的执行，国内经济全面复苏，显著地提高了我国的综合国力，人民的生活水平得到提高，生活状况得到改善。1952—1978 年中国 GDP 增长情况如图 6-1 所示。

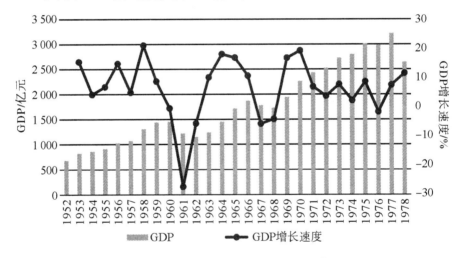

图 6-1　1952—1978 年中国 GDP 增长情况

数据来源：国家统计局. 中国统计年鉴［M］. 北京：中国统计出版社，各年版.

---

① 任希贵. 毛泽东对带领农民走共同富裕道路的探索［J］. 龙江党史，1994（6）：8-11.

② 中华人民共和国农业部计划司. 中国农村经济统计大全（1949—1986）［M］. 北京：农业出版社，1989：127.

二、改革开放后中国的扶贫理论与实践

（一）体制改革带动反贫困阶段（1978—1985 年）

1. 共同富裕思想得到丰富

党的十一届三中全会召开以后，邓小平进一步丰富了共同富裕的思想，中国也开始加速改革与创新现有的经济体制，中国的社会经济发展进入了转型的关键时期，中国的区域性扶贫工作规模逐渐扩大。

首先，走社会主义富裕之路必须攻克贫穷问题。1984 年，邓小平在《建设有中国特色的社会主义》一文中说："社会主义阶段的最根本任务就是发展生产力。社会主义的优越性就是体现在它的生产力要比资本主义发展得更高一些、更快一些。如果说我们建国以后有缺点，那就是对发展生产力方面有某种忽略。社会主义要消灭贫穷。贫穷不是社会主义，更不是共产主义。"邓小平后来多次在国际外交场合都深刻阐释了攻克贫穷的重要性。这足以看出邓小平深刻地理解了马克思主义政治与经济的辩证关系。

其次，先富带动后富。新中国成立后开展的部分政治运动，导致中国的经济发展陷入瘫痪，人民也陷入极度贫困。邓小平在 1978 年 9 月考察天津时提出，可以让一部分人先富起来，再让这些先富起来的人带领其他人富裕起来，最终实现全中国人民的共同富裕。邓小平正是在深刻理解了毛泽东所提出的共同富裕思想以后，才提出了"先富带动后富"这一实现共同富裕的路径。

1988 年，邓小平提出了"两个大局"战略思想：一个大局，就是东部沿海地区要加快对外开放，使之较快地先发展起来，中西部地区要顾全这个大局；另一个大局，就是当发展到一定时期……就要拿出更多的力量帮助中西部地区加快发展，东部沿海地区也要服从这个大局。"两个大局"战略思想生动而形象地诠释了"先富带动后富"的深刻内涵，构成了邓小平理论中的核心内容。"两个大局"战略思想的成功实施，足以证明邓小平提出的共同富裕思想的真理性和正确性。这一战略思想推动了中国经济的飞速提升，对我国区域经济和国民经济的协调发展具有不可忽视的指导意义。

2. 政府制定专项扶贫政策

全国农村形势自党的十一届三中全会召开以后逐步好转，但仍然有部分农村地区存在严峻的贫困问题和温饱问题。为推动农村经济的均衡发展，国务院在 1984 年 9 月颁布《关于帮助贫困地区尽快改变面貌的通知》，明确提出：一是要求因地制宜地带动当地经济发展，激发当地的经济发展活力，将人民自身的力量充分发动起来，以求改变当地的贫困面貌；二是应当采用适合当地发展的、更灵活开放的扶贫政策；三是增加智力投资；四是加速商品流转；五是对贫困地区的经济发展给予更多的税收优惠，减轻贫困地区经济发展的压力；六是加强领导，贯彻落实党中央制定的各项扶贫政策。

（1）以工代赈计划。原国家计划委员会于1984年提出实施以工代赈计划，旨在推动贫困地区的基础设施建设，为贫困地区投入更多的资金和食物，提供更多的基本社会服务，为贫困地区的贫困人口创造良好的外部环境，提高贫困人口的生活水平。20世纪80年代，以工代赈计划以人畜饮水工程、农田水利设施和修筑道路等内容为主。以工代赈计划的实施，要求贫困人口必须依靠自身的能力来获得资金或食物，提高自身的生活水平。另外，以工代赈计划也进一步优化了贫困地区的农田基础设施，推动了贫困地区的可持续发展。

（2）"三西"农业建设计划。国务院决定以甘肃定西为代表，于1982年12月开始实施"三西"农业建设计划，主要包括甘肃定西干旱地区、宁夏西海固地区和河西地区。在中国扶贫工作中，"三西"农业建设计划的落实有着划时代的意义，标志着中国将全面开启区域性开发式扶贫工作。"三西"共有38万平方千米的总面积，农业人口高达1 200万人，且整个区域内缺乏良好的生态环境。为推动"三西"地区的经济发展，国家制定了"兴河西之利，济中部之贫"的发展战略，实施了大规模的自愿移民搬迁项目，帮助当地的贫困人口搬迁到更宜居的地区。"三西"建设投入了大量资金，修建了旱作基本农田，并采用了一系列抗旱增产技术，例如地膜覆盖、打窖集雨等，发展以"种、养、加"为主的支柱产业，基本解决了甘肃定西干旱地区、宁夏西海固地区和河西地区的贫困问题。

3. 农村经济体制改革带来脱贫致富新气象

安徽凤阳小岗村的18位村民，在1978年底开始了土地承包责任制的"冒险"，也拉开了中国农村经济体制改革的序幕。在当时的中国农村经济发展进程中，农村经济体制改革所发挥的作用不容小觑。1979年，中国人均国内生产总值只有353元，而1985年这一数据上升至584元，年均增长率高达8.7%。中国农村体制改革实际上是对农村微观经济的组织再造，其核心内容仍然是以集体经济精英体制改革为核心，一方面实现家庭联产承包责任制改革，另一方面还需要实现政社分离[1]。1979—1984年，中国农村的人民公社直

---

① 张磊. 中国扶贫开发政策演变（1949—2005年）[M]. 北京：中国财政经济出版社，2007：62.

接转变为包干到户，截至 1984 年底，中国农村实现包干到户的比例高达99.96%①。农村经济体制改革以后，打破了人民公社时期的平均主义分配政策，逐渐放开了农村市场和农产品价格，农村地区出现了越来越多的优秀乡镇企业，一方面提高了农民的生活水平，另一方面又推动了农村经济的发展，逐渐解决了农村的普遍贫困问题。1978—1985 年，我国农民人均纯收入增长 2.6倍，原本的 2.5 亿绝对贫困人口下降至 1.25 亿，1978 年有 30.7%的贫困发生率，1985 年下降至 14.8%。

在农村经济体制改革期间，农产品产量增加，越来越多的农民进城务工或者从事非农生产，而农村经济发展也使得农村市场出现了大量的乡镇企业，提供了 1.36 亿个岗位，不仅可提高农民的收入水平，同时还推动了农村的经济发展。农村经济体制改革积累了更多的物质条件，更有利于中国经济体制改革。1978—1985 年，中国农村经济快速增长，农村贫困人口快速下降，这些都与农村经济体制改革的成功有着不可分割的联系。

（二）开发式扶贫阶段（1986—1993 年）

随着市场经济的发展，农村经济发展所产生的减贫边际效应逐渐削弱，在新时代形势下，已经不能采用以救济为核心的反贫困战略。从 1986 年起，政府就展开了一系列农村开发式扶贫工作。这项工作规模庞大，政府从中国的实际情况出发制订了详细的规划。1986—1993 年，中国人均国内生产总值（GDP）呈现波动上涨的状态，1986 年的人均 GDP 为 626.0 元，1993 年的人均 GDP 为1 078.5元，年均增长率高达 8%。一方面，国家经济发展速度越来越快；另一方面，中国各地区的经济发展水平差距越来越大。开发式扶贫战略是政府根据中国社会经济发展和贫困现状所提出的战略，包括发展基础教育、制定并实施经济优惠政策和加速贫困地区的基础设施建设等政策。该战略一方面希望从国家和社会的角度出发推动贫困地区的经济发展，实现贫困地区资源的合理配置；另一方面，又希望能够提高贫困地区农民的自力更生能力、自我发展能力，使其具备创造财富的能力。

1. 正式提出开发式扶贫战略

政府正式提出开发式扶贫战略以后，救济式扶贫成为过去，开发式扶贫成为各项扶贫战略和扶贫方针的主导方向。中央政府于 1986 年对生活救济性扶

---

① 赵曦，熊理然.中国农村扶贫开发的历史成就及其历史经验［C］//段应碧.纪念农村改革 30 周年学术论文集.北京：中国农业出版社，2008：630-642.

贫的经验与教训进行了归纳和总结，认为救济式扶贫不能真正减缓贫困，只有当贫困地区的贫困人口自身产生了摆脱贫困的意愿以后，才有可能帮助这部分贫困人口真正脱离贫困。因此，从根本上解决农村的贫困问题，将成为中央政府未来实施开发式扶贫战略的主要目的。提高贫困人口的自我发展能力和自我创造能力，是开发式扶贫的核心宗旨，这就要求贫困地区的干部和群众应当在党和政府的号召与扶持之下，学会利用和合理配置当地资源，从市场需求出发从事生产劳动，依靠自身的诚实劳动来解决贫困问题，真正脱离贫困。1986—1989 年，中央政府每年都会向贫困地区发放 40 亿元的扶贫资金，1990—1993年，中央政府每年都会在 40 亿元资金的基础之上，再增加 20 亿~30 亿元的扶贫资金。在这个时间段内，我国的扶贫工作仍然以"输血"为主，还未能在真正意义上实行开发式（"造血"）扶贫。

2. 区域性扶贫县级瞄准形式

政府在扶贫工作中采用了县级瞄准的区域性开发扶贫方式以后，我国正式进入区域性开发式扶贫阶段。1987 年颁布的《关于加强贫困地区经济开发工作的通知》中，明确提出我国开发式扶贫战略的主要目的是推动贫困区域经济发展，帮助贫困区域的贫困人口成功脱离贫困。我国 18 个集中连片贫困地区①开展重点开发式扶贫工作，就是县级瞄准形式的区域性扶贫的最显著成果。相关调查数据显示，区域性开发式扶贫工作能够有效推动贫困地区的经济发展，改善贫困人口的生活状况。1986—1993 年，我国农村地区平均每年减少 640 万贫困人口，贫困人口在农村总人口中的比重逐年下降。但是和贫困地区的经济发展水平相比，农村贫困人口人均收入的增长水平仍然相对较低，即使农村地区的经济得到了快速发展，也未能显著地提高贫困人口的人均收入。

3. 确定国家级贫困县标准

国家统计局农村社会经济调查总队在 1986 年的调查中发现，农村贫困人口的最低营养标准为 8 792 千焦耳热量。以县为单位，国家将重点照顾年人均纯收入少于 200 元的少数民族自治县、年人均纯收入少于 300 元但在新民主主义革命时期做出过重大贡献的老区县和年人均纯收入低于 150 元的县。在确定了国家级贫困县标准以后，我国各地方在执行开发式扶贫战略时就有了具体参照，一方面可以直接确定其扶贫对象，另一方面也可以对自身的开发式扶贫工作的效果进行评估。

---

① 这 18 个集中连片贫困地区是：沂蒙山区、闽西南地区、闽东北地区、努鲁尔虎山区、太行山区、吕梁山区、秦岭大巴山区、武陵山区、大别山区、井冈山区、赣南地区、定西干旱山区、西海固地区等。

4. 扶贫组织体系逐步形成

政府为了推动扶贫工作的顺利开展，成立了贫困地区经济开发领导小组。该小组在党和政府的领导下，落实党中央制定的各项扶贫政策，以推动贫困地区的经济发展。1986 年 5 月 16 日，国务院正式成立贫困地区经济开发领导小组，专门根据中国的扶贫工作制定开发式扶贫方针。另外，各级扶贫办、发改委、财政系统、中国农业银行、交通部门、农业部门、水利部门、教育部门、林业部门和卫生部门都在领导小组的领导之下积极参与开发式扶贫工作。这就标志着我国已经正式进入了开发式扶贫阶段，传统的道义性扶贫已经转型为制度性扶贫。政府肩负着减少贫困的职责，扶贫工作绝不仅仅是党和政府的一种人道主义援助，更需要建立完善的扶贫组织体系，依托完善的制度和组织架构以及充足的资金开展各项开发式扶贫工作。这也是党和政府的重要责任。在中国的扶贫组织体系中，除了党和政府部门的领导以外，许多国际机构和非政府组织也会积极参与其中。

（三）扶贫攻坚发展阶段（1994—2000 年）

1986—1993 年，中国农村地区的社会经济得到逐步发展，贫困人口明显减少。但中西部地区和东部地区的经济发展存在较大的差距，且这种差距还有越来越大的趋势。相关数据显示，1994 年，中西部地区的贫困人口在全国贫困人口中的占比高达 80.3%。社会发展文明程度和生产力水平低、自然条件恶劣是中国出现贫困区域和贫困县的主要原因，这就使得我国的贫困问题有着极为显著的地缘性特征。另外，我国制度上还存在诸多行政障碍，例如无法合理分配农村土地资源，缺乏完善的农产品市场制度，无法为城镇人口和农村人口提供公平的就业机会等。只有开发有针对性的扶贫项目，才能够解决具有明显地缘性特征的扶贫问题。

1. 出台扶贫纲领性文件

国务院于 1994 年 4 月正式颁布《国家八七扶贫攻坚计划》，此文件为我国开发式扶贫工作的顺利开展提供了重要指导，一方面有利于缩小我国东部地区和西部地区的差距，另一方面也有利于快速解决我国农村地区的贫困问题。在这项计划中，主要提到了如下扶贫措施：第一，明确了 592 个国家级贫困县，在全国县级贫困单位中的占比为 27%，中央政府未来也将主要针对这些国家级贫困县发放扶贫资源；第二，提出了东西对口扶贫，要求发达地区和省份要与西部贫困省份建立扶贫对口关系，帮助贫困地区尽快发展经济；第三，明确了各部门以及机构在扶贫工作中的职责；第四，强化了部门定点扶贫，中央政府和地方党政机关都必须对贫困县进行定点挂钩扶贫，在贫困县未能成功脱贫的情况下，不得随意脱钩；第五，加大力度向贫困地区投入资金和资源，并针对现有的资金分配结构做出合理的调整；第六，对中央政府所确定的"老少边穷"地区，地方政府可以鼓励企业到这些地区开办工厂，并为其提供税收优惠政策。党的十五届三中全会通过了《中共中央关于农业和农村工作若干重大问题的决定》，对中国20多年的农村经济改革经验与教训进行了归纳与总结，并全面部署了农业和农村各项工作，要求加速农村地区基础设施建设与完善，尽快构建完善的农村经济架构，政府部门也需要加大对农村地区的扶贫攻坚支持力度，以及减轻农民群众的生活和生产负担，为农民群众提供更多的就业岗位，增加农民群众的收入，以此解决农村贫困人口的贫困问题和温饱问题。农村地区的开发式扶贫工作，是一项紧迫而艰巨的任务，中央政府和地方政府必须做到扶贫到户，尤其是各地方扶贫办，必须贯彻落实中央政府制定的科教扶贫和移民扶贫政策。国务院于1999年6月颁布了《关于进一步加强扶贫开发工作的决定》，要求以贫困村的贫困户为主要动员对象，引导全社会积极主动参与到开发式扶贫工作中。在实施《国家八七扶贫攻坚计划》期间，所确定的592个国家级贫困县的地方财政收入明显增加，地方财政收入年均增长率和农民人均收入年均增长率分别为12.9%和12.8%，1993—2000年，国家级贫困县的农村贫困人口共减少4 800万人，绝对贫困发生率下降3%。

2. 扶贫工作方法创新

第一，实施扶贫监测。早在20世纪80年代中期，国家统计局就通过农村住户调查所得到的数据来计算农村的贫困线标准，根据农村住户的收入以及粮食生产量来计算农村的贫困发生率。国务院下辖五部委于1992年正式颁发《贫困县经济开发统计报表》，该报表可更好地监管扶贫资金，确保政府的各项反贫困政策落到实处。从1994年开始，国家统计局按照世界银行提出的办法，在收集了农户收入和消费信息等数据以后，根据这些数据进行了贫困线标准的计算。国家统计局于1995年优化了原有的测算方法，主要采用马丁法，结合住户的调查数据来计算贫困线：首先，结合营养专家提出的意见，制定农民的最低热量摄入量；其次，结合农村地区的抽样调查数据，计算维持农民生存所需的平均最低营养标准；再次，根据调查得到的数据，计算农民群众的食物贫困线，再计算非食物贫困线（非食物贫困线＝消费总支出－食品支出）；最后，贫困线＝非食物贫困线＋食物贫困线。国家统计局于1997年开始针对贫困县的农户展开抽样调查，其主要调查指标包括扶贫项目的覆盖率、瞄准度、强度和效果，贫困农户的温饱问题和饮食健康，贫困规模和贫困程度等。

第二，实行扶贫工作省级负责制。《国家八七扶贫攻坚计划》提出了以省为主的首长扶贫工作负责制，要求各省份负责人必须肩负起本区域开发式扶贫工作的总责，做好辖区范围内开发式扶贫的协调工作。计划还明确强调，重点扶贫区域在实施扶贫计划时，必须重点参考本区域的实际情况，将开发式扶贫工作纳入重要日程。中共中央、国务院于1996年颁布的《关于尽快解决农村贫困人口的温饱问题的决定》中，也明确提出中央必须在每年年初向各省份一次性发放扶贫资金，确保任务到省（自治区、直辖市）、责任到省（自治区、直辖市）、资金到省（自治区、直辖市）。国家的扶贫政策，贫困区域的财政情况、基础设施和自然条件，贫困地区贫困人口的数量、人均收入、扶贫资金使用效率等因素都将对各省（自治区、直辖市）每年扶贫资金的分配产生较大的影响。我国扶贫工作主要采用省级负责制，不同省份在分配扶贫资金时，主要采用基数法和因素法，各地（州、市）不能分配扶贫资金，只能传递资金。加大力度管控扶贫资金，尽管可以避免扶贫资金在使用和传递过程中出现流失的情况，但也存在诸多问题。首先，缺乏合理的财政扶贫资金分配要素，难以保证扶贫资金分配的公平性和公正性；其次，未能明确各部门的扶贫资金管理职责，存在多头管理的问题；再次，缺乏群众参与和群众监督，扶贫项目的资金存在被挪用和被占用问题；最后，在扶贫项目的招投标过程中，也存在缺乏公平性和公正性的问题。

3. 由"输血"到"造血"的模式转变

进入"造血"式扶贫阶段以后，我国开发式扶贫工作进度不断加快，东西部协作扶贫、民间扶贫、党政机关定点扶贫和国际机构扶贫等形式成为这个阶段扶贫工作的主流，标志着原有的"输血"式扶贫模式已经成功转变为"造血"式扶贫模式。

第一，党政机关定点扶贫。中国根据自身的实际情况，提出了党政机关定点扶贫模式，党政机关、企事业单位和社会团体会向国家级贫困县定点输入自己的资源。党政机关定点扶贫政策的实施，实质上可以将更多的资源和力量整合起来，为中央扶贫工作的开展提供重要的补充，而各业务部门在扶贫工作中也可以充分发挥自身的专业特长。自中国成立扶贫专业机构以来，开展定点扶贫工作的中央政府部门多达10个。截至2000年底，参与定点扶贫工作的中央党政机关、社会团体和企事业单位多达138个，共扶持350个国家级贫困县。各部门的业务工作与定点扶贫的内容以及方式都有着不可分割的联系，例如原农业部就对武陵山区展开定点农业开发扶贫，其扶贫资金主要来源于原农业部的预算外收入、原农业部工作人员的个人捐赠以及其他活动资金。贫困县的经济发展和社会发展并不受各业务部门的干预，各部门只能向贫困地区输送自身的业务资源，以求达到定点扶贫的目的。

第二，东西部协作扶贫。《国家八七扶贫攻坚计划》明确提到了东西部协作扶贫的重要性和必要性，认为此项扶贫工作有利于为西部地区引入东部发达省（直辖市）的各项资源和资金，帮助西部地区的贫困人口尽快脱离贫困。1996年，国务院扶贫领导小组就提出了帮扶计划，提出由13个东部沿海发达城市与10个西部贫困省或自治区对接，由发达城市向贫困城市无偿提供各项资金，加快基础设施的建设；捐赠生活和生产物资，确保农民日常生活和农业生产的正常进行；加强人才交流，由发达省（直辖市）向贫困省（自治区）派遣技术人员和青年志愿者，贫困省（自治区）的行政干部和技术干部也可到发达地区接受培训。根据国家统计局对国家1996—1999年扶贫工作的数据统计，可以看出在这4年间，东部13个沿海发达城市共捐赠10亿元，这些资金来自东部沿海各省（直辖市）的政府和社会各界。除资金以外，东部沿海城市还与西部贫困县和自治区签订了多达2 600个合作项目协议，投资金额高达30亿元，向贫困地区输送了近25万劳动力。

第三，中国民间扶贫和国际机构扶贫。党中央和政府都支持中国民间扶贫机构的发展，使得中国民间扶贫机构在扶贫工作中发挥了重要作用。中国著名的民间扶贫机构包括中国扶贫基金会、宋庆龄基金会、全国妇联"巾帼脱贫行动"、中国光彩事业促进会、中华慈善总会、希望工程和中国社会科学院小额信贷中心等。这些民间扶贫机构普遍规模较小，扶贫范围较为狭窄，但具有项目专一的优势。

国际社会对中国扶贫工作的开展有着较高的关注度，参与中国扶贫工作的国际机构不胜枚举，主要有四大类：首先是联合国系统，其代表性机构就是联合国开发计划署；其次是国际金融机构，其代表性机构是亚洲开发银行和世界银行；再次是非政府组织，这些非政府组织均为自愿参与开发式扶贫工作的组织，包括宗教团体、慈善组织、私人基金和研究机构；最后是双边发展机构，其代表性组织包括英国国际发展署等。上述国际机构参加中国扶贫工作的方式主要有两种，第一种是资金援助，例如无偿援助项目、贷款项目等；第二种是技术援助，例如专家咨询或提供技术等。目前在中国的扶贫项目中，国际机构业务涉及基础设施建设、公共服务供给和改善、环境治理、产业开发、可持续发展和扶贫研究等各个方面。上述扶贫项目不仅可以为中国开展扶贫事业提供丰富的国际反贫困经验，同时也为中国政府减贫工作提供了先进的反贫困理念，有益于中国反贫困工作的顺利开展。

（四）扶贫成果稳步推进阶段（2001—2011年）

改革开放以来，中国扶贫工作在政府的正确指导之下获得了丰硕成果，尤其是进入制度化扶贫阶段以后，其获得的丰硕的扶贫成果得到了全世界的关注。中国社会经济的发展速度越来越快，这就使得中国社会形势更加复杂多变，社会各阶层的矛盾也愈演愈烈。在新时代形势下，中国经济社会发展面临的主要挑战，就是城乡差距和收入差距问题，这些问题导致贫困人口无法分享中国经济发展的成果。政府在新世纪开始后，进一步巩固扶贫成果，力求从时代发展的背景出发，推动中国扶贫事业稳步顺利发展，实现中国扶贫政策和方针的创新。

中国贫困问题在新时代也出现了新的特点：第一，21世纪中国扶贫战略中的首要任务就是控制贫富差距，政府需要直接向贫困地区输送扶贫资源；第二，社会资源匮乏，导致我国扶贫问题呈现出多元化发展的态势，温饱问题不再是困扰贫困人口的唯一问题，未来中国在实施反贫困战略时，需要从多个层面出发解决贫困问题，以便于提高其反贫困战略水平；第三，扶贫工作经过20余年的发展，早期的区域性贫困已经逐渐转变为群体性贫困，相比于区域的地缘性贫困问题而言，弱势群体和边缘群体所引发的贫困问题更加显著。

1. 扶贫战略调整

《国家八七扶贫攻坚计划》中的目标完成以后，国务院于2001年5月又制定并颁布了《中国农村扶贫开发纲要（2001—2010年）》，旨在推动我国各区域的平衡发展，实现我国收入的公平再分配，而这个阶段内，开发式扶贫的首要对象就是尚未解决温饱问题的贫困人口。可以看出，政府在这个阶段已经改变了扶贫战略重点和扶贫战略布局，当前的开发式扶贫工作以解决少数绝对贫困人口的温饱问题为主，同时在扶贫工作中还需要确保脱贫人口不再返贫。另外，这个阶段的开发式扶贫工作的重点是集中了我国大部分贫困人口的革命老区、中西部少数民族地区、特困地区和边疆地区。在此次开发式扶贫工作范围中，还特别纳入了残疾人扶贫，确保各项扶贫工作统一实施，而中西部其他地区和东部地区的贫困县乡，则主要由地方政府负责开展扶贫工作。

《中国农村扶贫开发纲要（2001—2010年）》就我国2001—2010年的扶贫开发工作制订了详细的规划，标志着我国开发式扶贫事业进入了一个新的发展时期。中央政府和地方政府在这个阶段的扶贫财政投入逐年递增，年均增长率高达11.9%，10年间累计投入的扶贫财政资金高达2 043.8亿元。

2. 开发式扶贫

第一，开启产业扶贫新模式。进入 21 世纪以后，中国开发式扶贫工作的重中之重就是产业扶贫，要求确定主导产业，在贫困区域根据当地特色和资源建立生产基地，政府部门需要为贫困区域产业发展提供优惠政策，必要情况下可扶持当地龙头企业，实现农户和企业的合作共赢。《中国农村扶贫开发纲要（2001—2010 年）》明确提出，中国农村开发式扶贫必须加速农业产业化发展，根据当地特色资源以及市场需求加强连片规划建设，打造区域性特色主导产业。

中国产业扶贫政策主要包含两方面内容，一方面，需要制定完善的资格认证体系，明确国家扶贫龙头企业的资格，并加强对这些企业的管控。例如，扶贫龙头企业的资产负债率应控制在 60% 以下，没有欠税和欠薪的记录，在银行的信用等级在 A 级以上，符合国家产业政策和环保政策的相关要求，能够在贫困区域带动贫困农户的发展。另一方面，国家应当为扶贫龙头企业提供优惠政策。例如国家可以构建完善的进退机制，为扶贫龙头企业进入市场和退出市场提供良好的平台，同时还需要为扶贫龙头企业提供优惠支持，例如提供税收优惠政策。国务院应当加强对扶贫龙头企业的动态管理，除了需要按照相关标准遴选各省份推荐的国家扶贫龙头企业以外，还需要构建完善的动态监测体系，每两年考评一次扶贫龙头企业。其考评内容包括扶贫龙头企业的财务状况、基本情况和带动农户增收情况，一旦考评不合格，或者存在违法违规经营的情况，立即取消其国家扶贫龙头企业资格。

第二，县级瞄准转为村级瞄准。从党中央于 1986 年开始有计划地实施开发式扶贫工作到 20 世纪末，开发式扶贫工作都一直延续着县级瞄准机制，从早期的 331 个国家级贫困县，逐渐增加到 592 个。进入 21 世纪以后，原本呈区域分布的贫困人口转变为呈点状分布，县级瞄准机制必然会浪费扶贫资源，导致扶贫瞄准偏离原有的目标，不再适合于呈点状分布的贫困人口开发式扶贫工作。因此，我国政府将扶贫瞄准机制由县级瞄准转变为村级瞄准，一方面有效提高瞄准精确度，另一方面可以实现扶贫资源的合理配置。2001 年 9 月，我国正式开始实施村级扶贫规划，各项扶贫资源正式下放到户，标志着县级瞄准制度已经转变为村级瞄准制度。村级瞄准可以进一步扩大我国贫困群体的覆盖面，且同村的贫困人口本身拥有相同的文化背景、自然环境，就能利用少数的资金和资源为更多的贫困人口提供基本公共服务，进一步提高了扶贫的效果。

第三，自愿性移民扶贫。在我国"三西"地区建设进程中，发现不少贫困区域陷入贫困的主要原因是当地自然环境极其恶劣，于是国家提出了移民扶贫政策，进一步推动了"三西"地区扶贫建设。《中国农村扶贫开发纲要（2001—2010年）》颁布以后，也明确提出我国必须加速推进自愿性移民扶贫工作。当贫困地区本身生产环境和自然条件较为恶劣，且改善生态环境和自然条件的成本较高，当地的基础设施以及耕地条件已经无法满足人们的基本日常生活时，则应当开展自愿性移民扶贫工作。自愿性移民扶贫的优点为：首先，基于国家政策的支持，贫困人口在移民搬迁以后，能够在最短时间内恢复正常生产生活，可借由国家的资源和资金解决自身的温饱问题，并依靠自身的能力脱离贫困；其次，有利于减少贫困区域和生态恶劣区域的贫困人口数量，不仅能够实现我国各区域人口的合理分布，同时可以合理配置我国的国土资源；最后，移民和原地区居民可以加强技术和生产生活观念等方面的沟通，进一步推动贫困区域的经济发展。

从我国几十年开发式扶贫工作的经验来看，缺乏良好自然条件和居住条件的贫困地区，仍然居住着大量未能解决温饱问题的贫困人口，而这些地区的开发式扶贫工作需要投入大量成本，却难以获得预期的效果。政府坚持在移民扶贫工作中本着实事求是原则，加强统筹规划和因地制宜。在移民自愿搬迁以后，为保障移民的新生产以及新生活，国家制定了相应的保障政策，确保群众在移民过后能够真正稳定下来，脱贫致富。从空间来看，移民扶贫模式以县内搬迁为主；从安置方式来看，移民扶贫模式中，60%为集中安置，40%为插花安置；从移民工作的组织主体来看，政府占据着主导地位。

3. 实施西部大开发战略

国务院于2000年1月专门成立了西部地区开发领导小组，由该小组负责落实我国的西部大开发战略，旨在把东部沿海地区的剩余经济发展能力，用于提高西部地区的经济和社会发展水平，并巩固国防。我国西部大开发的范围包括重庆、青海、四川、陕西、云南、宁夏、新疆、西藏、广西、贵州、湖北恩施土家族苗族自治州、吉林延边朝鲜族自治州和湖南湘西土家族苗族自治州。相比于东部地区，西部地区缺乏良好的生态环境和自然条件，也未能构建完善的基础设施，在交通和电网极其落后的情况下，西部地区的农业以及社会事业难以得到快速发展，城镇化程度较低。党中央提出了《"十五"西部开发总体规划》，希望该项规划的实施能有效缩小西部地区和东部地区的差距，推动西部地区生态环境建设和基础设施建设，重点发展西部地区的科技和教育事业，调整西部地区的产业结构，集中力量在基础设施建设领域建成一批重点工程，并通过这批重点工程带动西部地区的经济发展。另外，优先发展拥有良好经济基础和区位优势的区域，例如南贵昆经济区、长江上游经济带、新疆和西藏等少数民族地区和西陇海兰新线经济带。我国在落实西部大开发战略中，投入了大量的资金和人力资源，推动了西部欠发达地区科教文卫等事业的发展，从而提高了西部贫困地区的生产力水平和经济发展水平，助力西部地区贫困人口脱贫致富。

第七章　党的十八大召开之后中国的精准扶贫理论与实践

党的十八大召开以后，国内外局势变得日益复杂。面对新形势，中国政府平稳推进扶贫工作，习近平同志提出了精准扶贫思想，这个思想在扶贫工作中发挥了重要的指导作用。习近平同志提出的精准扶贫思想，是党和政府归纳、总结中国开发式扶贫工作经验与教训的成果。通过不断探索，精准扶贫思想拥有了完整的科学体系，指导着中国扶贫事业的开展。

一、新时代中国精准扶贫理论的形成过程

以习近平同志为核心的党中央领导集体，在党的十八大召开以后，就从治国理政的角度出发充分强调了扶贫事业的重要性，并且在论述党和国家的根本制度以及政治方向时，充分强调了脱贫攻坚工作的重要性和必要性。在全面建成小康社会的发展进程中，脱贫攻坚工作成为政府奋斗的基本目标，关系着我国能否实现第一个一百年奋斗目标，也直接影响着我国第二个一百年奋斗目标的实现。习近平总书记在多次实地调研中，深刻地分析了我国扶贫工作以及贫困问题，在一系列重要讲话中，对我国各地开展开发式扶贫工作做出了重要指示，并明确指出在新时代社会主义事业的发展进程中脱贫攻坚工作的重要性，阐明了脱贫攻坚的目标以及方法思路，形成了习近平精准扶贫思想，为我国脱贫攻坚事业的发展提供了重要指导。

进入新时代以后，我国城乡发展不均衡和区域发展不均衡问题突出，严重阻碍了我国社会主义现代化建设进程。而在社会众多矛盾中，贫困问题成为阻碍中国特色社会主义事业发展的第一大问题，若无法解决贫困问题，将无法完成中国特色社会主义建设的既定目标。以习近平同志为核心的党中央在党的十八大召开以后，就提出扶贫工作是全面建成小康社会的第一要务，党和政府必

须将其作为第一民生工程，针对新中国成立以来的扶贫经验和教训进行归纳和总结以后，结合新时代形势下我国贫困问题所凸显出来的新特点以及扶贫工作的实践经验，形成了习近平精准扶贫思想。

习近平同志于 2013 年 11 月 3 日走访调查湖南湘西土家族苗族自治州，该自治州是我国 14 个集中连片特困地区之一。习近平同志在考察中提到，"扶贫开发工作必须坚持实事求是原则，必须有机结合当地的特色资源，做到精准扶贫，切忌好高骛远"，既要统筹规划，也要重点突出，应当将更多的资金和资源投入特困村和特困户，同时还需要推动农村地区科教事业的发展，使下一代能够掌握更多的知识，使其拥有依靠自身的力量脱贫致富的能力。事实上，习近平同志在此次考察中首次提到"精准扶贫"，这也基本确定了我国未来脱贫攻坚工作的基调。

自 2013 年底习近平总书记提出精准扶贫思想以来，全国上下积极响应，在开发式扶贫实践中，开始全面贯彻精准扶贫思想，理论学术界也开始结合理论与实践进一步分析和论证"精准扶贫"这一概念。在党中央主要领导人对贫困问题展开频繁的实地调查和学习研讨以后，理论界和实务界针对精准扶贫的概念形成了统一认识，进一步丰富和拓展了精准扶贫的内涵，使得我国的开发式扶贫工作思路变得更加清晰和准确。各地方政府在中央政府和相关精准扶贫思想的指导之下，制定了与开发式扶贫相关的政策措施和制度规范，推动了精准扶贫思想的制度化发展。

中共中央办公厅和国务院办公厅于 2014 年 1 月发布《关于创新机制 扎实推进农村扶贫开发工作的意见》，要求我国各地方必须把扶贫工作放在重要位置上，加速落实开发式扶贫工作，并基于精准扶贫思想，创新贫困县考核机制、干部驻村帮扶机制、金融服务机制、扶贫工作机制、社会产业机制和扶贫资金管理机制，要求我国各地方扶贫办必须就工作职责、队伍建设、管理体制、环境营造和基础组织等各方面制定详细的标准。该项工作意见出台以后，进一步明确了我国各地方的精准扶贫工作要求、工作思路，为推动精准扶贫工作的全面有序开展奠定了坚实的基础。2014 年 4 月和 5 月，国务院扶贫开发领导小组办公室（简称"国家扶贫办"）又相继颁发了《扶贫开发建档立卡工作方案》和《关于印发〈建立精准扶贫工作机制实施方案〉的通知》，明确提出我国贫困地区必须在2014 年底前建立电子信息档案，精准识别贫困村和贫困户，除了需要了解当地的贫困原因以外，还需要根据贫困户以及贫困帮扶主体的实际情况，采取恰当的扶贫措施，确保《扶贫手册》发到每一位贫困户手中。上述两个文件为我国开展精准扶贫工作提供了制度依据。

2015 年，习近平同志在贵州进行实地调研，强调了落实精准扶贫的方案与对策，"精准是扶贫开发成败的关键"，只有做到扶贫对象、资金使用、项目安排、到户措施、脱贫成效、因村派人等方方面面的精准，才能真正实现精准扶贫。习近平同志多次在重要会议上提到，切实加强精准扶贫工作、切实强化基层组织、切实落实领导责任、切实加强社会合力，是贯彻落实精准扶贫政策的重要基础，通过扶持生产和就业发展一批、移民搬迁安置一批、低保政策兜底一批、医疗救助扶持一批，为我国开发式扶贫事业开创了新的格局。精准扶贫理论的基本理论框架就包含了上述"六个精准""四个切实""四个一批"，能够为我国各地方政府和扶贫办开展精准扶贫工作提供系统性的指导。在 2015 年召开的减贫与发展高层论坛上，习近平同志在"6·18"重要讲话中，对精准扶贫理论的内涵以及价值进行了重申，并就上述"六个精准""四个切实""四个一批"等给出了明确的解释，并在"四个一批"的基础之上提出了"五个一批"，增加了"教育扶贫脱贫一批"，标志着我国已经成功搭建了完善的精准扶贫理论框架体系，为今后我国开展开发式扶贫事业提供了重要指导。

国务院于 2016 年 4 月正式出台《关于建立贫困退出机制的意见》，此后习近平同志又发表了关于精准扶贫理论的一系列重要论述，总结了"四个切实""七个强化""五条经验"等，旨在继续加强脱贫攻坚工作，防止返贫，表明精准扶贫理论框架中的内容会随着时代的变化而不断完善、丰富，与时俱进，也意味着在脱贫攻坚的实践工作中，精准扶贫理论框架将具备不容忽视的指导意义。

二、新时代中国精准扶贫理论的科学体系

在新时代形势下，党中央建立了结构清晰、系统完整的扶贫理论体系。其主要内容包括：首先，提出了对推动精准扶贫工作顺利开展的基本要求；其次，实现全面建成小康社会这一宏伟目标之前，必须实现脱贫攻坚的战略目标；再次，各地党委以及各政府部门在开展开发式扶贫工作时必须做到齐抓共管；最后，应当从我国国情和时代背景出发，实现开发式扶贫工作各部分的相互促进和相辅相成，推动我国扶贫事业的顺利开展。

（一）战略目标：脱贫攻坚实现全面小康

1. 确保"两不愁、三保障"

党中央在深入调查我国贫困地区的实际情况之后，结合国家综合实力以及社会经济发展的阶段提出了"两不愁、三保障"的扶贫开发目标，要求到2020年底，实现我国农村贫困人口吃穿不愁，住房保障、基本医疗保障、教育保障。贫困群众致富的最低起点就是保障贫困人口的基本医疗、义务教育和住房安全，只有解决了这三个问题，才能推动贫困群众的进一步发展。只要实现了"两不愁、三保障"的扶贫开发目标任务，就能实现从温饱型扶贫向保障型扶贫的跨越式发展，我国的脱贫攻坚工作也能向前迈进一大步，使得我国贫困群众能够由脱贫逐渐走向致富。

2. 打赢脱贫攻坚战

改革开放以后，我国扶贫事业获得了举世瞩目的成就，但早期开发式扶贫工作只解决了相对较为容易的问题，接下来的扶贫工作将有一段艰难的路要走，党中央和政府都必须集中力量解决剩下的贫困问题。第一，剩余的贫困县，贫困程度更深，帮扶难度更大，且造成贫困的原因更加复杂，扶贫办和扶贫开发工作人员必须根据每一位贫困群众的实际情况，采取精准的扶贫措施，投入大量的精力和时间，才能真正帮助贫困群众脱离贫困。第二，剩余的贫困人口主要集中在我国的少数民族聚居地区、革命老区和边疆地区，这些地区本身缺乏良好的生态环境和生产条件，也缺乏完善的基础设施，其社会经济发展水平和产业发展水平远远落后于全国平均水平。只有集中全党和全社会的力量以及资源，对集中连片贫困地区采取具有针对性的扶贫开发措施，才有可能解决这些贫困人口的贫困问题，并实现开发式扶贫工作的可持续发展。第三，当前的扶贫事业中存在缺乏良好的扶贫瞄准机制，无法有效协调推进开发式扶贫事业和其他事业，缺乏牢靠的脱贫致富基础以及完善的扶贫体系等问题。这些问题的存在也标志着我国扶贫的边际效率将会随着时间的推移而逐渐下降，开发式扶贫事业的当务之急是构建一套职责分明和结构清晰的扶贫机制。

3. 2020年全面建成小康社会

确保到2020年，摘除我国所有贫困县帽子，按照现行贫困线标准，实现所有农村贫困人口全面脱贫，这也是我国全面建成小康社会的基本标志。党和政府向全体人民承诺，将在2020年，引领着全国人民一起建成全面小康社会，党和政府也将会在这个时间段内全力冲刺，实现向全国人民许下的庄严承诺。只有坚持全面和可持续发展，做好精准扶贫和联合协作，根据贫困群众的致贫原因有针对性地采取扶贫措施，从生态保护、社会治理、社保、教育、医疗、产业发展和基础设施等多个层面出发进行综合性考量，才能真正解决我国的区域性、整体性贫困，并避免在开发式扶贫工作中出现更加尖锐的问题，进而达到避免群众返贫的目的。

（二）根本要求：全面实施"精准扶贫"

扶贫事业要求党和政府必须联合社会各个阶层通力配合，同时必须充分明确扶持对象、开展扶贫工作的主体和扶贫措施等一系列问题，并提出明确的扶贫要求，才能真正达到扶贫的目的。在新时代，精准与否决定了我国扶贫事业的成败，要想获得扶贫事业的成功，前提就是实现精准扶贫。

第一，扶贫对象精准。精准地找到扶贫对象，才能做到精准扶贫。我国开发式扶贫工作的首要任务就是摸清贫困人口的底数，制作贫困家庭和贫困人口清单，并通过实地调研，了解这些贫困家庭和贫困人口的致贫原因、贫困程度、脱贫能力以及扶贫需求。对贫困村和贫困户建档立卡是完成这一工作的主要手段。我国主要根据国家统计局的全国农村居民抽样调查结果，结合当年贫困线标准来计算农村贫困人口的总体规模。例如，2014 年底，全国贫困村和贫困人口已经完成建档立卡，共有 12.8 万个贫困村，2 932 万户贫困户，8 862 万贫困人口。

第二，项目安排精准。在充分明确了扶贫对象，了解了贫困人口的致贫原因、脱贫能力以及脱贫意愿以后，就可以在此基础之上精准安排扶贫项目，采取有针对性的扶贫措施，确保扶贫项目能够为贫困群众带来实惠。找准贫困群众的致贫原因，才能从当地和贫困人口的实际情况出发，选择精准的帮扶项目，确保贫困群众能够在帮扶项目中真正脱离贫困，走上富裕的道路。根据全国建档立卡的统计数据，因病致贫和因残致贫、因缺少技术致贫、因缺少资金致贫和因缺少劳动力致贫，是我国贫困家庭的主要致贫原因。相比较而言，我国东部地区主要是因病致贫、因残疾致贫、因劳动力不足致贫。我国中部地区主要是因资金不足致贫、因病致贫。我国西部地区的致贫原因更加复杂，这是因为西部地区的社会经济发展原本就落后于东部地区和中部地区，尤其是西部地区还未能构建完善的基础设施，导致当地的经济发展和产业发展极为落后，再加上缺乏充足的耕地资源，西部地区普遍存在因缺乏资金技术致贫、因缺乏教育致贫、因天灾人祸致贫和因可耕种土地不足致贫等现象。

第三，资金使用精准。帮扶项目得以顺利落实的前提条件是拥有充足的资金，而资金本身是有限的，精准使用资金，将其用在最需要的地方，才能真正帮助贫困群众脱离贫困。精准使用资金，要求我国必须提高扶贫资金使用的规范性和实效性，确保扶贫资金的专款专用。事实上，我国一直在加强扶贫资金的管理与控制，在各项法律法规和规章制度中，都明确细致地规定了资金的使用标准、用途以及管理方式，且加强了对于扶贫资金的使用监管和惩处力度，确保能够将有限的资金资源用在真正的扶贫对象身上。

第四，因村派人精准。精准因村派人，必须加强对贫困地区和贫困村的实地调研，根据贫困村的实际情况，选派恰当的扶贫开发工作人员。例如，当贫困地区需要加强基础组织建设时，就需要派遣具有较强基层治理能力的工作人员，确保其在贫困地区的开发式扶贫工作中能够全心全意为农民办事，贯彻落实精准扶贫的各项方针与政策。具体而言，驻村工作队和驻村第一书记的精准扶贫工作主要包括如下内容：对现有的贫困识别流程加以优化，精确瞄准贫困户和贫困群众，确保"扶真贫"；对贫困项目和扶贫措施进行合理安排以及统筹规划，确保"真扶贫"；加强对精准扶贫工作的监控，避免在开发式扶贫工作中出现贪污腐败和弄虚作假的情况；提高干群素质，使其能够在开发式扶贫工作中尽力发光发热，推动开发式扶贫工作的可持续发展；聚集资源和力量，依托于驻村个人和所在单位的号召力，推动贫困村的发展。

第五，措施到户精准。贯彻落实措施精准到户的要求，是避免贫困对象脱贫后返贫的主要手段。只有提高贫困户自身的"造血"能力，才能真正避免返贫。因此，在贫困地区扶持生产和就业时，必须加强贫困人口的技能培训，既要注重异地搬迁扶贫，又要注重推动贫困地区的经济发展，应当将资源更多地向贫困家庭倾斜，尤其是对最困难群众，可适当提高其帮扶标准。精准扶贫在于措施到户精准，确保真正困难的群众能够在得到国家的帮助后脱贫致富。

第六，脱贫成效精准。精准扶贫是为了帮助贫困村和贫困户能够精准脱贫，脱贫攻坚成果的唯一衡量标准就是脱贫成效。明确的脱贫标准和脱贫要求，是实现精准脱贫的前提条件。这就要求扶贫开发工作人员必须建立科学的扶贫对象退出机制，当贫困县、贫困村和贫困人口已经达到脱贫标准以后，将按照退出机制有序退出，且通过行之有效的方式，避免这些已经脱贫的群众或村再次返贫。退出机制要求开发式扶贫工作不仅要全面扩大减贫数量规模，同时还要提升其脱贫效益和脱贫质量，避免地方扶贫工作人员在脱贫攻坚工作中弄虚作假，出现"数字脱贫"的情况。另外，国家可以为已退出的扶贫对象在限期内继续提供各项扶贫优惠政策，确保贫困县、贫困村和贫困人口在摘除贫困帽子以后，仍然可以享受国家出台的各项扶贫优惠政策。另外，我国还应当加强对脱贫后贫困人口和贫困村的动态监控以及评估：一方面，根据其客观真实的评估结果做好缓冲期间的工作衔接；另一方面，也可以结合其评估结果，制定接下来的开发式扶贫工作的整体规划。

（三）实现路径：切实做好"五个一批"

精准帮扶是精准扶贫的核心内容。由前文分析可知，扶贫对象本身有着各种各样的致贫原因，而来自不同区域的贫困人口，其致贫原因和贫困特点各有不同，这就要求我国精准扶贫工作必须做到因地制宜和因势利导。在对过去的大规模开发式扶贫工作经验和教训进行归纳和总结以后，在2015年减贫与发展高层论坛上，习近平总书记根据建档立卡数据，提出了我国精准扶贫的实施路径，即发展生产脱贫一批、生态补偿脱贫一批、社会保障兜底一批、异地搬迁脱贫一批、发展教育脱贫一批即"五个一批"，推动了我国脱贫攻坚工作顺利开展。

第一，发展生产脱贫一批。提升社会生产力可推动社会发展。归根结底，正是因为贫困地区的社会生产力较弱，才导致其社会经济发展停滞不前。提高贫困地区的生产能力，形成经济增长产业链，推动地方经济发展，才能帮助贫困地区经济发展，同时为贫困地区的贫困群众提供就业岗位，增加贫困群众的收入，贫困人口和贫困地区都能够通过发展生产致富。因此，在精准扶贫和精准脱贫工作中，发展生产是首要任务。

第二，发展教育脱贫一批。发展教育脱贫，必须遵循政府主导原则和合力攻坚原则，做到精准发力、分类施策，根据贫困群众的需要为其进行针对性的技能指导，使其能够尽快就业，增加收入。政府尤其应当将教育资源向贫困地区倾斜，在贫困地区构建义务教育和普通高中教育体系；为扩大生产，可以在贫困地区开展对口职业教育，确保贫困人口拥有在社会中就业的专业技能；面向贫困地区提高高校的录取比例，对贫困家庭的子女可以酌情降低录取标准；可针对贫困人口加大教育的扶持力度，避免其因贫困辍学；在教育扶贫工作中引入更多的社会力量，向残病学生或留守儿童提供更多的教育资源；基于现代信息技术打造网上教育平台，实施帮扶结对机制，确保贫困地区的贫困学生也能和城市学生共享优质的教育资源，切实提高我国教育成效，同时控制教育成本。

第三，生态补偿脱贫一批。如果生态环境极度恶劣，一方面会导致当地不断爆发自然灾害，另一方面也不利于当地基础设施的建设，限制当地的经济发展和社会发展，进而出现区域性整体贫困。生态补偿脱贫，主要有三个方法：一是建设生态工程脱贫。党和政府可以通过一系列国家重点生态工程建设，向贫困地区倾斜更多的项目和资金，同时在国家重点生态工程中吸引更多贫困群众参与，为这些贫困群众提供生态补偿，使其可以在生态工程建设进程中获益。二是保护生产环境脱贫。例如可以任命贫困群众为护林员，提高贫困群众的收入，同时也可以保护贫困地区的生态环境。三是发展生态产业脱贫。生态旅游和生态农业等产业已经得到社会各界的广泛认可，不仅可以有效地保护当地生产环境，也可以为当地的贫困群众提供收入，贫困地区和贫困人口的收入水平都能由此得到显著提升。

第四，易地搬迁脱贫一批。当贫困地区的资源环境承载能力较弱，频频爆发自然灾害，且缺乏良好的基础设施时，当地就会陷入极度贫困。国家要想改善当地的生产和生活条件，往往需要投入大量的资金和物力，且难以获得理想的脱贫效果。此时，群众就会产生强烈的搬迁意愿，异地搬迁脱贫成为首选。异地搬迁并不是为了搬迁而搬迁，而是通过搬迁的方式帮助贫困群众脱离贫困。异地搬迁可以为贫困地区修复生态和发展生产提供喘息的机会，也可以实现土地流转，政府必须提前针对土地资源进行综合性规划，严格按照相关规定，对有条件进行开发的地区进行开发，对适宜耕种的地区做好复垦工作，对不适宜耕种的地区尽快恢复生态环境，避免当地生态继续恶化。

第五，社会保障兜底一批。社会保障兜底一批的首要工作是提高我国社会保障水平，尽快根据我国社会的实际情况以及国家综合实力，构建完善的社会保障体系。一是为我国农村的贫困人口提供更高的社会保障待遇。基于城乡二元结构所建立的社会保障体系，使得城市居民和农村居民的社会保障收益水平以及保障内容都存在较大差距。未来我国必须为农村社会提供更加优质和可靠的保障，才能做好社会保障兜底工作。二是有效衔接社会保障和开发式扶贫工作。在我国开展脱贫攻坚工作的进程中，剩余贫困人口分散分布于我国各个区域，且存在显著的异质性特征，即来自不同区域的贫困人口有着不同的致贫原因和贫困程度。这就要求我国相关扶贫工作人员必须从实际情况出发，采取精准的社会保障措施，实现脱贫攻坚和社会保障的无缝衔接。三是提高服务水平，可以直接以现金支付的方式，提高高龄老人或留守儿童等群体的社会保障水平，还可以通过"一站式"服务的方式，为贫困群众提供更加优质的社会保障服务。

第八章 国际减贫合作和中国参与

长期以来，中国政府致力于依靠自身的力量解决贫困问题，并注意借鉴国际社会先进的减贫理念和成果，积极与国际社会分享中国在开发式扶贫领域的经验和做法，并参与开展国际减贫的交流与合作。20 世纪 90 年代初期，中国就开始利用外资进行扶贫，先后与世界银行、联合国开发计划署、亚洲开发银行等国际组织和英国、德国、日本等国家以及国外非政府组织在扶贫领域开展了卓有成效的减贫项目合作。在中国这样一个有着近 14 亿人口的发展中国家开展开发式扶贫工作，其难度为世所罕见。中国为解决贫困问题付出了艰辛的努力，取得了重大进展。在新的历史时期，中国作为一个负责任的国家，将继续履行与自身发展阶段和发展水平相适应的国际义务，积极参与国际减贫事业，共享先进减贫理念和经验，与国际社会一起深化开发式扶贫的交流与合作。

在实施综合性扶贫开发项目时，中国政府和国际社会进行扶贫合作的主要目标对象是自然条件恶劣、处于绝对贫困和贫困人口相对较为集中区域的扶贫工作。在实施综合性扶贫开发项目时，需要采取各种综合措施，例如加速基础设施建设、提供劳动力转移就业培训、土地开发和农户开发、提供教育和医疗援助、提供小额信贷等。上述一系列综合措施可以提高农民群众的收入，切实解决贫困地区贫困人口的温饱问题。

一、联合国开发计划署扶贫开发合作项目

成立于 1965 年的联合国开发计划署，总部设在纽约，并于 1979 年正式设立驻中国代表处，帮助中国政府开展能源环保、善治和减贫等工作。一方面，联合国开发计划署主要通过技术援助或小额信贷的方式，推动中国开发式扶贫工作的发展，帮助贫困户成功脱贫；另一方面，联合国开发计划署结合自身的

经验，帮助政府制定了贫困户倾斜政策①。截至 2014 年底，联合国开发计划署实施的对华援助项目多达 900 个，共计 10 亿美元金额。这些项目涉及新能源开发、小城镇建设、技术引进、环境保护、制度创新和消除贫困等多个领域。其援助中国扶贫开发的综合性合作项目见表 8-1②。

表 8-1　1995—2010 年联合国开发计划署
在中国的主要综合性扶贫合作项目一览表　　　单位：万元

序号	项目合作机构	项目名称	项目时间	项目资金			项目内容	项目实施区域
				合计	外资	国内配套		
1	联合国开发计划署	开发扶贫	1997—2000	662	662	0	小额信贷	新疆于阗县、墨玉县
2	联合国开发计划署	贫困农村产业发展和小额信贷扶贫	1997	662.4	662.4	0	小额信贷	新疆
3	联合国开发计划署	乡村扶贫	1997—2010	722.5	722.5	0	小额信贷	广西 5 个项目县
4	联合国开发计划署	参与式农村发展规划	2001	25	25	0	村级规划	新疆
5	联合国开发计划署	绿色扶贫	2006—2009	1 638	468	1 170	农业和能力建设	新疆
6	联合国开发计划署	绿色扶贫（延续）	2010—2013	804	201	603	节能环保	新疆

资料来源：根据中国国际扶贫中心官方网站资料统计整理。

二、世界银行综合性扶贫开发合作项目

世界银行作为全球最具影响力的金融组织，在全球反贫困事业发展进程中也发挥了重要作用。早在 20 世纪 90 年代，中国已经就开发式扶贫事业和世界银行展开了合作，双方合作开展了多个综合性大规模扶贫项目，这些项目难度较高，为解决中国农村贫困问题做出了卓越贡献，甚至成为国际扶贫典范。世界银行和

---

　　① 邹晶，莱特娜. 贫穷、发展和全球化：与联合国开发计划署驻华代表的对话 [J]. 世界环境，2002（6）：4.
　　② 李锟先. 新时期联合国开发计划署在我国发展援助体系中的作用 [J]. 国际经济合作，2015（3）：85.

中国就开发式扶贫工作进行长期交流与合作，从而使得世界银行成为我国脱贫攻坚工作中的一股重要力量。在中国改革开放以及大规模扶贫工作进程中，中国政府和世界银行进行了深度合作。在众多的国际组织和机构中，中国政府与世界银行的扶贫合作项目最多，且这些扶贫项目多为综合性大规模项目。

中国政府和世界银行以深度贫困地区为目标，实施了综合性扶贫开发合作项目。例如，1995年7月实施的西南扶贫项目就是世界银行在中国的首个综合性大规模扶贫开发项目，世界银行为中国提供了2.475亿美元的贷款，国内又提供了2亿美元配套资金，共同完成该项目的建设。西南扶贫项目主要集中于广西、贵州和云南三省区的35个贫困县，这些贫困县均位于我国西南边陲，共计1 798个贫困村，贫困人口多达350万。中国政府和世界银行在中国西南边陲实施的一体化扶贫开发项目，包括农村基础设施建设、土地和资源开发、社会服务以及乡镇企业发展等。2002年7月，西南扶贫项目正式结束，整个西南片区的贫困人口在该项目实施过程中都获得了实实在在的利益。相关统计数据显示，西南扶贫项目结束以后，原本5.8%的贫困深度指数下降至3%，原本1.23%的贫困强度指数下降至1.04%，贫困县的贫困程度大幅下降，项目所在区域的贫困农户的生活水平以及生产水平都得到显著提升。1997年7月正式启动的世界银行秦巴山区扶贫项目中，世界银行为中国提供了1.8亿美元贷款，国内也提供了1.8亿美元的配套资金。秦巴山区作为我国贫困人口较为集中的区域，本身缺乏完善的基础设施和文化教育体系，再加上秦巴山区本身生态环境较为脆弱，农民群众缺乏良好的生产生活条件，生活水平远远落后于全国平均水平。秦巴山区扶贫项目涉及26个贫困县，主要包括四川、陕西和宁夏三省区的部分贫困县，是我国和世界银行开展的一体化综合性扶贫开发项目，项目涉及的行政村多达2 941个，贫困人口多达230万。项目主要包括土地与农户开发、农村基础设施建设与完善、乡镇企业发展、农村劳动力输出、小额信贷和机构建设。2004年7月，秦巴山区扶贫项目正式结束，26个贫困县的绝对贫困程度明显下降，也为该区域的贫困人口提供了大量的发展机会。1999年12月正式启动的西部扶贫项目中，世界银行为中国提供了1.6亿美元的贷款，西部扶贫项目的总投资规模高达26.56亿元人民币，涉及的国家重点扶持贫困县多达27个，主要位于我国内蒙古和甘肃两个省区。在西部扶贫项目中主要开展了劳动力输出、农村基础设施建设、土地与农户开发、乡村企业发展和社会服务等扶贫内容，不仅改善了我国西部地区的农业发展环境，同时有效协调了农村社会经济发展和环保之间的关系。1995—2010年世界银行和中国政府合作的主要综合扶贫项目见表8-2。

表 8-2　1995—2010 年世界银行与中国合作的主要综合扶贫项目

单位：万元

序号	项目合作机构	项目名称	项目时间	项目资金			项目内容	项目实施区域
				合计	外资	国内配套		
1	世界银行	西南扶贫	1995—2002	423 168	215 325	207 843	社会服务、劳务输出、农村基础设施建设、土地与农户开发、乡镇企业发展	广西、云南、贵州三省区 35 个项目县
2	世界银行	山西扶贫	1996—2003	169 000	8 845	87 155	水利、林业、畜牧、乡村公路、农产品加工	山西省 20 个项目县
3	世界银行	秦巴扶贫	1997—2004	298 800	149 400	149 400	劳务输出、农村基础设施、土地与农户开发、小额信贷等	四川、陕西、宁夏三省区 26 个项目县
4	世界银行	西部扶贫	1999—2005	265 600	132 320	133 280	基础设施、土地与农户开发、灌溉等	甘肃、内蒙古两省区40个旗（县）
5	世界银行	PHRD（政策与人力资源开发）赠款	2001—2003	293	293	0	项目评价、喀斯特地区可持续发展、小额信贷项目等	西南、秦巴项目区
6	世界银行	贫困农村社区发展	2005—2010	118 200	82 650	35 550	农业、基础设施、卫生、教育、社区能力建设等	四川、广西、云南三省区 18 个项目县
7	世界银行	贫困地区可持续发展	2010—2015	105 200	70 000	35 200	基础设施和公共服务、农户增收和能力建设、农民工支持	重庆、河南、陕西三省市 25 个项目县

资料来源：根据中国国际扶贫中心官方网站资料统计整理。

三、亚洲开发银行扶贫开发合作项目

　　成立于 1966 年 11 月的亚洲开发银行，属于区域性金融机构，致力于加强亚洲和太平洋地区政府之间的合作。亚洲开发银行的总部在菲律宾首都马尼拉，目前区域成员和非区域成员分别有 48 个和 19 个。亚洲开发银行以推动亚洲和太平洋地区经济发展与合作为宗旨，旨在解决成员国社会经济发展进程中的资金问题，以贷款、赠款、技术援助、政策对话和股权融资等多种形式，援助成员的社会及经济发展。

2003 年实施的亚洲开发银行贫困农户参与黄河流域洪水控制项目，是亚洲开发银行和中国政府共同实施的综合性扶贫开发项目，该项目共投资 100 万美元，资金来自日本政府赠款，共涉及我国陕西与河南两省，其中有 80 万美元投资给了陕西省。在项目实施过程中，主要以小额信贷的方式，为区域内的贫困农户开展生产项目解决资金问题，包括种草养畜和红枣种植加工等。该项目完成于 2004 年，不仅达到了极为显著的扶贫效果，同时改善了北部黄土高原黄河西岸的生产环境。该项目 2005 年进入了持续发展阶段，亚洲开发银行在这个阶段投资了 4 500 多万美元，在佳县、吴堡两地建立了贫困社区生产发展基金，为累计 6 000 户贫困农户提供了资金支持，贫困户的年收入平均增加 800 元。2010 年启动的山西河川流域农业综合开发项目，亚洲开发银行向山西省政府发放了 1 亿美元贷款，项目总投资为 14.06 亿元人民币，覆盖了山西河川流域 5 座城市，分别是临汾、长治、运城、吕梁和晋中，共 26 个县，为 184 万贫困人口带来了帮助。项目实施过程中，主要为推动农业产业化发展，加速了种养殖基地、特色优势农业基地和高速设施节水农业基地的建设与发展。截至 2013 年 8 月底，国家为该项目投入了 11.5 亿元资金，有 4.05 万户农户获得了帮助，完成工程总面积高达 10.55 万亩（1 亩≈666.67 平方米）。

四、国际技术援助扶贫开发合作项目

中国在面向特殊人群的扶贫开发项目中加强了与国际社会的合作，获得了国际社会所给予的技术援助，通过试点项目或示范项目，积累了更多的开发式扶贫经验，并逐渐在全国贫困地区推广。

（一）联合国开发计划署技术援助扶贫开发项目

联合国开发计划署在中国少数民族和民族地区综合扶贫示范项目中提供了 200 万美元的资金援助，国家民族事务委员会和国际经济技术交流中心作为项目的承办人，在北京联合开启了该项目。项目主要涉及新疆、云南和青海三个少数民族省区。该示范项目主要包括三个子项目，其一是领导能力建设，其二是人口较少民族的综合扶贫示范，其三是少数民族旅游文化项目示范。该项目旨在促进我国人口较少民族群体和妇女群体未来的可持续发展，为少数民族贫困地区和贫困人口提供公平的发展机会。为期 4 年的少数民族和民族地区综合扶贫示范项目，不仅探索出了一条专门针对少数民族贫困地区的扶贫发展之路，还为推动贫困地区和少数民族地区经济与社会发展提供了重要思路。2008年爆发汶川大地震后，联合国开发计划署也与中国政府共同开展了一系列灾后救援计划，帮助四川、陕西和甘肃三个省份的受灾村实现灾后重建，改善了当地村民的生产生活条件，使受灾民众能够尽快从地震灾难中走出来，重获新生。

除了世界银行、亚洲开发银行和联合国开发计划署以外，美国大自然保护协会、联合国儿童基金会、澳大利亚政府发展援助机构、日本政府发展援助机构和德国政府发展援助机构等国际组织以及机构也与中国政府合作实施了多个技术援助扶贫开发项目。

1. 联合国儿童基金会项目

成立于1946年的联合国儿童基金会（UNICEF），隶属于联合国，早期为联合国国际儿童紧急救助基金会，旨在促进各个国家（地区）贫困儿童的发展与生存，尤其是帮助发展中国家（地区）的贫困儿童参与社会生活，享有生存与发展的基本权利。联合国儿童基金会于20世纪80年代开始参与中国的开发式扶贫工作，着重帮助中国贫困地区和少数民族地区的妇女与儿童实现生存与社会发展的基本权利。联合国儿童基金会在中国的扶贫开发技术援助项目较多，主要包括：

（1）在2009年开展的儿童贫困与发展试点项目中，中国国务院扶贫办和联合国儿童基金会建立了合作关系，旨在找到开发式扶贫工作中解决儿童贫困问题的方法与对策，并探索了在整村推进工作中，解决儿童发展问题的具体办法。该试点项目首先在湖北省秭归县和甘肃省永靖县展开，希望能够从儿童的角度出发开展整村推进工作，获得理想的扶贫效果。

（2）2010年，联合国儿童基金会和四川省政府联合实施"南充市嘉陵区儿童贫困与发展试点项目"，项目主要着力解决儿童贫困问题，希望从儿童需求出发探索一条开发式扶贫之路，探讨了推进儿童可持续成长的道路。

（3）针对四川爆发汶川大地震后的三个极重受灾县，扶贫试点项目又从妇女和儿童的角度出发，开启了四川省的贫困村灾后重建试点工作，力求从妇女和儿童的需求出发，探讨四川省灾后重建中的减贫问题。

（4）2011年的青海省玉树藏族自治州爆发地震后，又合作开启了"青海省妇女和儿童视角的贫困村灾后重建试点项目"，也是希望能够从妇女和儿童的利益诉求出发，推动贫困村的灾后重建工作。

（5）2013年启动的"贫困地区儿童综合发展项目"，是原国家卫计委、民政部和扶贫办与联合国儿童基金会共同开展的试点项目，项目主要在贵州省和陕西省实施，在推动贫困地区儿童的综合发展方面获得了显著成效。

2. 国际行动援助项目

国际行动援助是国际上以消除贫困为主要发展宗旨的联盟组织，经过多年发展，国际行动援助在全球 50 多个国家（地区）开展了大型的援助活动，为 1 300 多万贫困群众和弱势群众提供了帮助。国际行动援助通过改善公共卫生、保护妇女和儿童权益、解决粮食安全和发展教育等多种方式推动了反贫困事业的发展。1998 年，中国连片特困区域实施了国际行动援助项目，加速了中国 43 个贫困乡镇的基础设施建设，近 30 万中国贫困群体直接受益。

2003—2006 年，国际行动援助分别在贵州省雷山县、甘肃、广西等地开展农村发展项目，一方面加强这些贫困区域的扶贫项目建设以及贫困监测，另一方面对这些贫困区域中的扶贫工作人员进行的扶贫知识和扶贫技能培训，推动了贫困地区减贫事业的可持续发展。

（二）世界银行技术援助扶贫开发项目

在中国开发式扶贫工作不断深入推进的背景下，我国地方扶贫部门和财政部门开始在财政扶贫资金的使用过程中，探索运用社区基金运作模式，并通过村级互助资金试点的方式，在部分贫困农村实施社区基金运作模式。2006 年，国务院扶贫办和财政部就在我国 10 多个省区展开了村级互助资金试点工作，并希望能够通过试点工作积累经验，促进在全国推广。国务院扶贫办和财政部于 2006 年 11 月跟世界银行合作，推出了总投资为 133 万美元的农村社区滚动资金试点项目。该项目获得了英国政府 35 万美元的赠款，其余资金均为中国政府配套资金。通过农村社区滚动资金试点项目的实施，中国政府希望能够探索出全新的扶贫资金使用模式，以加强扶贫资金的使用，提高贫困地区社区事务自我发展能力。该项目主要在四川省和河南省开展了试点工作，共涉及 12 个贫困村。2007—2008 年，样本户共获得 838 笔贷款，贷款总额高达 373.6 万元，其中，私人无利息借款、互助资金借款和金融机构贷款分别占 61%、31% 和 8%。世界银行的技术援助扶贫开发项目的实施，解决了我国贫困村在发展进程中的资金问题，不仅可以提高我国贫困农户的收入水平，也产生了极其显著的社会效益。

此外，世界银行在中国还实施了社区主导型的技术援助扶贫项目，这些项目在中国的试点工作均获得了成功。1995—2010 年世界银行与中国政府合作的主要技术援助扶贫项目见表 8-3。

表 8-3 1995—2010 年世界银行
在中国主要技术援助扶贫合作项目一览表 单位：万元

| 序号 | 项目合作机构 | 项目名称 | 项目时间 | 项目资金 | | | 项目内容 | 项目实施区域 |
				合计	外资	国内配套		
1	世界银行	第四期技术合作	1999	25	25	0	培训、考察、村级规划	新疆
2	世界银行	第四期技术援助	2001—2004	1 322	1 322	0	机构建设、出国考察与培训	世界银行第四期项目区
3	世界银行	财政扶贫资金	2002—2003	372	372	0	参与式村级规划、财政扶贫资金监测	技术援助项目
4	世界银行	第四期技术援助	2002—2005	166	166	0	贫困地区干部能力建设	四川、广西、重庆等八省（自治区、直辖市）
5	世界银行	参与式项目监测评估试验研究	2003—2004	25	25	0	参与式项目监测评估实验研究	陕西省
6	世界银行	社区主导型发展	2006—2008	4 625	1 505	3 120	小型基础设施、公共服务、环境改善、社区发展基金等	四川、陕西、内蒙古、广西四省（自治区、直辖市）4个项目县
7	世界银行	农村社区滚动资金发展试点	2006—2009	3 222	274	2 948	社区发展资金	世界银行第五期项目区

资料来源：根据中国国际扶贫中心官方网站资料统计整理。

（三）亚洲开发银行技术援助扶贫开发项目

在 1999 年实施的贵州纳雍社区扶贫示范项目属于技术援助扶贫项目，亚洲开发银行向中国提供了 19.9 万美元的资金，各地方政府也向该项目投入了 100 万元人民币。为推动新民村、千秋村果园项目的建设，贵州纳雍社区扶贫示范项目中安排了 160 万元人民币的科技扶贫资金，主要用于加强基础设施建设以及维护管理，提高农户和社区的综合治理能力。在该扶贫项目中修建的公路和灌渠分别为 3.8 千米和 2.4 千米，两个农村的村民在项目实施以后解决了用电问题，项目中总计建设了 6 个饮用水供应系统，向 46 家农户发放了 5 万余元发展基金。在项目实施期间，新民村村民的人均纯收入增长 97%，千秋村村民的人均纯收入增长86%。在2005年实施的非政府组织参与村级扶贫规划项目中，亚洲开发银行向中国政府共提供了100万美元赠款，中国国务院和扶贫基金会共同承办该项目，其试点范围包括江西省16个重点贫困村。该项目的实施旨在探索出一个中国开发式扶贫工作中非政府组织的参与模式，希望能够加强政府和非政府组织在开发式扶贫工作中的合作。在2005—2008年项目实施期间，贫困群体得到了大力扶持，并获得了显著的经济收益。

五、中国减贫援外培训合作项目

合作举办减贫援外培训项目是中国政府和国际组织在减贫工作方面进行合作的一种方式，培训项目可以为发展中国家的官员开展开发式扶贫工作提供培训服务。中国国际扶贫中心国际减贫培训项目由商务部主办，中国国际扶贫中心承办。扶贫援外培训是我国援外工作和扶贫外交的重要组成部分，承载着提升发展中国家官员减贫能力、展示中国负责任大国形象等重要职能。截至2018年底，中国国际扶贫中心共举办了139期国际减贫研修班，对来自133个国家的3 758名政府官员与扶贫工作者进行了专题培训，有力地促进了中国国际扶贫中心"向发展中国家展示中国扶贫开发的成就及经验，推介中国减贫智慧和方案，帮助发展中国家增强扶贫开发能力"职能作用的发挥。在培训活动中，主要通过案例分析、经验介绍、理论讲述、实地考察和参与式讨论等多种形式，来探讨中国各省（自治区、直辖市）开展的开发式扶贫工作的经验和教训。学员通过培训活动进一步掌握了我国的减贫经验，同时也学习了与减贫相关的各项理论知识，提升了政策设计和执行能力。

成立于2005年5月的中国国际扶贫中心，隶属于国务院扶贫办，是中国政府和联合国开发计划署联合成立的国际性发展援助机构，也是承接减贫援外培训项目的承办人。例如，中国国际扶贫中心于2005年12月1日到15日举办了中国扶贫经验国际研修班，这也是我国首个减贫援外培训班。培训班学员包括来自27个国家（地区）的53名扶贫官员。培训班除了阐释中国社会经济发展现状以外，进一步回顾和展望了中国的"三农"问题以及开发式扶贫工作，总结了中国在开发式扶贫工作中所采取的一系列有力政策或措施。又如，中国国际扶贫中心于2006年6月8—22日以及7月5—19日，先后举办了亚洲国家和非洲国家的扶贫政策与实践官员研修班，旨在帮助亚非国家扶贫官员充分了解中国在开发式扶贫工作中所采取的各项政策和措施，为亚非国家开展开发式扶贫工作提供参考，也希望能够帮助联合国尽快实现千年发展目标。

六、中国在国际减贫合作领域的贡献

消除贫困在国际上是一个老大难问题，也是全球面临的严重挑战。中国在依靠自身的力量开展脱贫攻坚工作的同时，也需要加强国际交流与合作，闭门造车必然无法达到预期的减贫效果。中国以开放和包容的心态，在开发式扶贫工作领域加强了和国际组织以及其他国家的交流、合作，除了交换扶贫开发的理念以及经验以外，中国也与国际组织和其他国家研讨了合作开展扶贫工作的政策以及方针，希望能够在我国脱贫攻坚工作中引入更多的国际力量，并推动世界反贫困事业的发展。

第一，交流扶贫开发理念和经验。首先，国外已经积累了丰富的减贫经验，我国可以通过参加国际减贫交流会、到国际成功脱贫的区域进行实地调研等多种形式，学习这些成功的减贫经验，并且从我国的实际情况出发开展精准扶贫工作，实施开发式扶贫政策，达到事半功倍的效果。其次，加强人员机构培训。扶贫开发机构的工作人员必须具备较强的专业能力，包括监督检查、资金管理和项目设计能力，我国可以引入国际专业团队进行精细化专业培训，提高开发式扶贫工作人员的专业素养，在此基础之上，进一步完善开发式扶贫工作机制。最后，分享我国的减贫经验。经过几十年发展，我国扶贫事业获得了举世瞩目的成就。分享我国几十年来的开发式扶贫工作经验与教训，可以为其他发展中国家开展开发式扶贫工作提供重要参考，推动全球反贫困事业的发展。

第二，实现国际减贫技术资金的合理利用。英国国际发展部、联合国开发计划署、世界银行和国际行动组织都是目前活跃在扶贫开发领域的国际机构和国际组织，这些机构和组织已经积累了大量的开发式扶贫经验、扶贫技术，也拥有雄厚的扶贫资金。事实上，我国开发式扶贫工作早在 20 世纪 90 年代中期就得到了这些国际机构和组织的支持，这些国际组织与国际机构跟我国扶贫开发机构之间也积累了十分丰富的合作经验。寻求国际减贫技术以及国际减贫资金对我国开发式扶贫工作的支持，可以解决我国脱贫攻坚工作的后顾之忧，全面推动我国贫困地区的经济建设与人才培养。

第三，研究合作开展扶贫政策。世界银行、亚洲开发银行和联合国开发计划署等国际机构曾经与我国政府讨论过我国的开发式扶贫问题，提出了诸多有参考价值的建议，在我国制定并实施扶贫政策方面发挥了巨大作用。面对新形势下我国减贫工作所面临的新问题和出现的新特点，我国政府有必要加强扶贫国际合作，结合国际专业组织和专业机构对我国扶贫工作现状的调研情况，重新修订扶贫政策，进而推动我国精准扶贫事业的发展。我国相关机构也应当加强和发展中国家的合作，向发展中国家提供我国开发式扶贫工作的经验，帮助其制定符合其本国实际情况的扶贫政策。

2015 年，联合国开发计划署提出《联合国千年发展目标报告》，在各项报告中明确指出：在全球减贫工作中，中国做出了卓越贡献。事实上，中国贫困问题也能够在一定程度上反映世界贫困现象，中国扶贫工作所获得的诸多成果，也推动了全球减贫事业的发展。世界已经公认习近平精准扶贫理论的真理性，也充分意识到精准扶贫有助于脱贫攻坚工作的顺利开展，而习近平精准扶贫理论也为世界反贫困事业的发展提供了中国智慧。在 2016 年的二十国集团工商峰会上，习近平总书记指出，未来中国将继续开展扶贫工作，争取为全球反贫困事业的发展做出更大的贡献。

（一）大幅度降低全球贫困发生率

在第二次世界大战结束以后，全球发展中国家就在广泛探讨消除贫困的方法。我国作为全球最大的发展中国家，国内的贫困问题极其复杂，贫困人口规模之大、贫困问题复杂程度之深，在全球实属罕见。截至 1978 年底，根据当时我国的扶贫标准，全国有 7.7 亿贫困人口，当时中国的贫困发生率高达97.5%。在充分学习和参考了国际先进的减贫经验以后，中国也积极开展脱贫攻坚工作，并希望能够履行中国的国际减贫责任。自中国实施精准扶贫以来，按照现行的农村贫困线标准，2012 年，中国的贫困发生率为 10.1%。2019 年，中国的贫困发生率已降低至 0.6%，标志着在中国脱贫攻坚工作中成功脱贫的农村贫困人口高达 8 400 万人。从上述数据来看，经过近 20 年的脱贫攻坚工作，我国在扶贫和脱贫方面已获得显著成果，全面推动了世界减贫事业的发展。

（二）向全球提供中国减贫范例

作为世界人口大国，降低中国的贫困发生率，对于全球反贫困事业的发展，都将产生极其深远的影响。而以习近平同志为核心的党中央领导集体提出的精准扶贫理论，不仅为中国开展精准扶贫和脱贫工作提供了重要理论指导，也为全球减贫事业的发展提供了中国智慧。2015 年，国家扶贫标准为每人每年 2 855 元，人均收入低于国家扶贫标准的县市有 1 521 个。截至 2016 年底，国家扶贫标准提高至每人每年 2 952 元，人均收入低于国家扶贫标准的县市减少至 600 个。根据国家统计局 2019 年 1 月的统计数据，我国仅有 584 个县市人均收入低于国家扶贫标准。

经过几十年的奋斗，我国在脱贫攻坚和开发式扶贫工作中已经积累了丰富的经验，而这些经验为其他发展中国家开展开发式扶贫工作提供了宝贵的中国智慧，值得在全球范围内传播。第一，党和国家给予了开发式扶贫工作应有的重视，并从中国的实际情况和时代背景出发，构建了一套完备的开发式扶贫体系；第二，坚持实事求是原则，根据中国不同区域的贫困情况，因地制宜、因势利导和科学规划扶贫，确保针对不同贫困区域的不同贫困问题，采取有针对性的脱贫攻坚政策，用"绣花功夫"推动开发式扶贫工作顺利开展；第三，将广大人民群众在开发式扶贫工作中的积极性充分调动起来，在中国的精准扶贫工作中充分展现群众智慧；第四，我国社会经济快速发展，党和政府也开始着眼于与民生息息相关的领域，增加开发式扶贫投入，切实提高贫困人口的生活水平，推动贫困地区可持续发展；第五，在开发式扶贫工作中引入了全社会力量，有效地协调了政府和市场之间的关系，形成了政府和社会力量扶贫的合力。

（三）拓展国际减贫领域合作交流

在减贫领域，中国一方面积极和国际机构以及发展中国家进行交流，希望能够参考国际机构在减贫工作中的经验，来切实提高中国脱贫攻坚工作的效率和质量；另一方面，中国也向国际社会传播了中国的开发式扶贫理念，充分展现了中国的减贫决心，希望与国际社会分享中国在开发式扶贫工作领域的经验和做法，能够为推动国际减贫事业的顺利开展提供中国智慧。例如，埃塞俄比亚和苏丹于 2016 年实施了"微笑儿童学校供餐项目"，中国扶贫基金会在该项目中为将近 7 000 名饥饿儿童提供了早餐和午餐；中国扶贫基金会在缅甸实施了胞波助学金项目，解决了当地 600 名贫困大学生的学费问题；中国扶贫基金会于 2017 年 7 月在柬埔寨暹粒举办了中国—东盟社会发展与减贫论坛；中国扶贫基金会于 2017 年 9 月在毛里求斯路易港举办了中非合作论坛——减贫与发展会议；中国扶贫基金会于 2017 年 10 月在北京举办了减贫与发展高层论坛。在上述论坛中，中国和发展中国家以及国际减贫组织就脱贫攻坚工作展开了友好交流，未来也将继续在世界反贫困事业中互帮互助，携手共进。

习近平总书记提出了构建人类命运共同体这一倡议，而构建人类命运共同体离不开以脱贫攻坚工作作为基础，只有实现了中国和国际社会之间的合作共赢，才能真正推动全球减贫事业的顺利开展，也才有可能建成人类命运共同体。首先，中国积极推进"南南合作"援助基金、援外减贫培训等各个项目的落实，希望能够为全球减贫事业发展做出应有的贡献；其次，中国在多边合作中提出了我国的脱贫攻坚方案，希望能够将中国脱贫攻坚和扶贫工作的智慧以及经验传播给其他发展中国家；再次，中国为其他发展中国家的减贫事业提供了支持，希望这些发展中国家能够化资源优势为发展优势，实现本国或本民族的多元自主化发展；最后，通过建设"一带一路"和亚洲基础设施投资银行，力求改变世界经济格局，构建一个更具包容性、公正性和科学性的国际经济金融体系。这一方面可以为发展中国家社会经济发展解决后顾之忧，另一方面也可以推动世界减贫事业的发展。

（四）中国精准扶贫实践发展了国际减贫理论

中国在精准扶贫实践中，通过识别和锁定目标人群，根据扶贫对象脱贫的实际需要，分配和动员资源，一方面帮助穷人利用市场经济提供的机会，另一方面结合扶贫对象所在区域的特点和条件直接为贫困人口创造发展机会。在国际减贫和发展领域，通过公共工程的方式完善公共基础设施，同时增加穷人或低收入人群的就业机会和收入。在精准扶贫中，中国除了借助公共工程（以工代赈）方式增加扶贫对象的就业机会和收入以外，还结合国家的产业政策、区域资源，为某些类型扶贫对象量身定做专门的扶贫方案，如资产收益扶贫、光伏扶贫、扶贫车间和部分其他产业扶贫等，直接为扶贫对象创造收入机会。直接为穷人创造收入机会的减贫做法，以减贫为目标，通过政府和其他方面的支持和帮助，利用地方优势资源和条件，发展相应的产业或服务，或者在产业中嵌入扶贫的内容，直接增加穷人的就业和创收机会。直接为穷人创造收入机会来减贫，增加了不能利用市场带来的机会的穷人脱贫的机会，扩大了扶贫的边界。直接为穷人创造减贫机会，必须服从社会成本效益原则，否则就不如通过直接的转移支付来减贫。中国在精准扶贫过程中诞生的基于社会成本效益原则的直接为穷人创造减贫机会的理论，就是对国际减贫理论创新做出的贡献。

第四篇　澜湄国家贫困现状和参与的国际减贫合作行动

第九章　澜湄国家的贫困及其成因

　　起源于青海唐古拉山的澜沧江，流经中国西藏、云南，穿越高山峡谷，从西双版纳出境后被称为湄公河，先后流经缅甸、老挝、泰国、柬埔寨、越南，共 4 880 千米，最后流入南海。一江连六国，澜沧江与湄公河既是联系澜湄六国的天然纽带，也是沿岸民众世代繁衍生息的摇篮，孕育了澜湄国家各具特色而又相亲相近的文化，形成了各国间历史悠久、深厚广泛的经济与人文联系。

　　目前，澜湄六国总人口约 16.15 亿，占亚洲总人口的 38%；六国国土总面积 1 150 万平方千米，占亚洲总面积的 25.8%；六国国内生产总值（GDP）超过 11.9 万亿美元，占亚洲总量的 44.98%。澜湄国家普遍是发展中国家，城市化水平低，人均国内生产总值低，贫困人口多，和西方发达国家有较大的差距，但也显示出澜湄区域具有很大的发展空间。作为新型区域合作机制，澜沧江—湄公河合作机制（简称"澜湄合作"）受到澜湄国家和人民的热烈欢迎，并得到他们的积极响应，政治安全、经济可持续发展、社会人文是其三大支柱，互联互通、产能合作、跨境经济合作、水资源合作、农业和减贫合作是其五个优先推进方向，环境保护也是合作的重点之一。

　　2015 年 11 月，在我国云南景洪举行了第一次湄公河流域六个国家外长会议，正式对外宣布建立澜湄合作机制。2016 年 3 月 23 日，澜湄六国领导人齐聚中国海南三亚，共同出席澜湄合作首次领导人会议。会议以"同饮一江水，命运紧相连"为主题，发表了《澜湄合作首次领导人会议三亚宣言》，全面启动澜湄合作进程。2016 年 12 月 23 日，澜湄合作国家第二次外长会议在柬埔寨暹粒举行。各方回顾并梳理了首次领导人会议成果落实情况，商讨澜湄合作机制未来发展规划，并审议通过了《联合新闻公报》《首次领导人会议主要成果落实进展表》《优先领域联合工作组筹建原则》三份文件。2017 年 12 月 15 日，澜湄合作第三次外长会议在中国云南大理举行。会议发表了《联合新闻公报》，宣布了"2017 年度澜湄合作专项基金支持项目清单"，宣布建立"澜湄合作热线信息平台"，并发布了"首次领导人会议和第二次外长会议成果落实清单"。2018 年 1 月，澜湄合作第二次领导人会议在柬埔寨首都金边举行，推动澜湄合作由"培育期"迈向"成长期"，会议发表了《澜湄合作五年行动计划（2018—2022）》和《澜湄合作第二次领导人会议金边宣言》，并将"3+5 合作框架"（以政治安全、经济可持续发展和社会人文为三大支柱，优先在互联互通、产能合作、跨境经济、水资源、农业和减贫五个领域开展合作）升级为"3+5+X 合作框架"，将更多有合作需要的领域纳入其中。2018 年 12 月 17 日，澜湄合作第四次外长会议在老挝琅勃拉邦举行，会议回顾了第二次领导人会议成果落实情况，规划了澜湄合作下一步行动，并为 2020 年第三次领导人会议做准备。会议通过了《联合新闻公报》，发表了《〈澜湄合作五年行动计划〉2018 年度进展报告》、"2018 年度澜湄合作专项基金支持项目清单"和六国智库共同撰写的《澜湄流域经济发展带研究报告》以及澜湄合作会歌。2020 年 2 月 20 日，澜沧江—湄公河第五次外长会议在老挝万象举行，此次会议回顾了澜湄合作第二次领导人会议和第四次外长会议成果落实情况，对《〈澜湄合作五年行动计划〉2019 年度进展报告》进行了积极评价。会议发布了《澜湄合作第五次外长会议联合新闻公报》，并正式通过《澜湄农业合作三年行动计划（2020—2022）》，该计划由六个澜湄合作机制成员国农业部门共同制定，旨在落实澜湄合作第二次领导人会议期间发布的《澜湄合作五年行动计划（2018—2022）》，进一步提升澜湄农业合作水平。澜湄六国在六年前播种下的合作种子，现已破土而出，生根发芽，而且茁壮成长、日新月异。

减贫合作作为澜湄六国五个优先推进的方向之一，从澜湄区域国家实际来看，贫困问题突出一直都是制约其经济可持续发展的主要原因，亦是不利于区域合作深化的最为突出的问题。与此同时，减贫合作对解决民生问题很有帮助，政治敏锐性不强。从澜湄五国政府看，怎样有效解决贫困问题，是它们亟须解决与高度重视的一个问题，是取得合作成果概率最大的一个优先合作领域。

一、澜湄国家贫困的现状

贫困的标准和测量尺度是一个动态和历史发展的过程，阿马蒂亚·森强调指出，综合衡量贫困时，包括两个具体操作步骤，一是识别贫困，二是加总贫困人口特征，基于此得到总度量。前一个步骤优先于后一个步骤。① 现阶段，公认衡量一个国家贫困状况的三个指标，分别是人均国民收入、贫困发生率和贫困差距指数，这些指标能够将一国贫困占比、程度与深度反映出来。

（一）人均国民收入指标衡量的贫困

人均国民收入可理解为，在某个时间段中（一般情况下是1年），一国根据人口的国民收入占比，能够将人口规模和国民收入问题之间的对比关系反映出来的指标。它是对一个国家人民生活水平、经济实力与经济发展水平进行综合反映的重要指标，亦是对一个国家人民富裕程度与经济实力进行评估的关键指标之一。通过澜湄六国的人均国民收入情况可以反映各国贫困问题与经济实力。具体如图9-1所示。

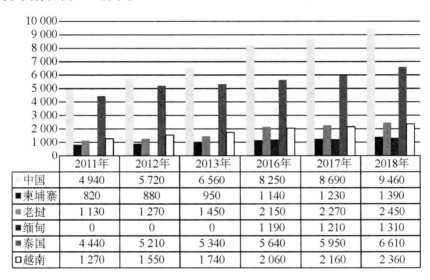

	2011年	2012年	2013年	2016年	2017年	2018年
中国	4 940	5 720	6 560	8 250	8 690	9 460
■柬埔寨	820	880	950	1 140	1 230	1 390
▨老挝	1 130	1 270	1 450	2 150	2 270	2 450
■缅甸	0	0	0	1 190	1 210	1 310
■泰国	4 440	5 210	5 340	5 640	5 950	6 610
□越南	1 270	1 550	1 740	2 060	2 160	2 360

图9-1　澜湄各国人均国民收入统计（单位：美元）

数据来源：根据亚洲开发银行数据整理。http://www.adb.org/publications/series/basic—statistics.

在澜湄六国中，泰国与中国经济发展状况相对较好，人均国民收入在4 000美元以上，其他四国相对偏低，缅甸与柬埔寨目前依旧处于初级产品生产阶段，老挝和越南还处于工业化初级阶段。澜湄六国中，人均年国民收入最

---

① 阿马蒂亚·森. 贫困与饥荒 [M]. 王宇，王文玉，译. 北京：商务印书馆，2001：20-35.

高的是中国，最低的是缅甸。自澜湄合作正式启动以来，在2016—2018年，从人均国民收入增速来看，柬埔寨排名第一位，增长率达到10.42%，而缅甸排名倒数第一，只有4.92%的增长率。综上所述，就人均国民收入角度而言，澜湄六国中缅甸人民富裕程度较低。

（二）贫困指数衡量的贫困

在一个国家总体人口规模中，贫困线之下人口所占的比例，就是贫困指数，也被称为贫困发生率。该指标数值愈大，意味着存在愈突出的贫困问题，相应的贫困人口规模便愈大；反之，亦然。在澜湄区域各个国家中，就贫困指数而言（具体如表9-1所示），依旧存在较为严重的贫困问题，特别是缅甸、老挝和柬埔寨三个国家。

表9-1　澜湄区域各国的贫困指数　　　　　单位:%

年份	2010	2011	2012	2013	2014	2015	2016	2017	2018
中国	3.8	10.2	10.2	8.5	—	8.5	4.5	3.1	1.7
柬埔寨	30.1	30.1	25.9	18.9	—	18.9	14	14	12.9
老挝	27.6	27.6	26	23.2	—	23.2	23.2	23.2	23.2
缅甸	25.6	25.6	25.6	25.6	—	25.6	32.1	32.1	24.8
泰国	7.8	13.2	13.2	12.6	10.5	12.6	8.6	7.9	9.9
越南	14.5	12.6	11.1	9.8	13.5	9.8	7	—	5.8

说明："—"表示数据缺失。

数据来源：根据亚洲开发银行数据整理。http://www.adb.org/publications/series/basic—statistics.

（三）贫困差距指数衡量的贫困

贫困差距指数是由Bathelder提出的，即贫困人口群体实际收入和国家贫困线标准的比。该数值愈小，意味着这个地区或者国家贫困差距愈不明显，贫困人口群体规模愈小；反过来，则相反。现以亚洲开发银行公布的按照每人每天收入1.9美元标准衡量澜湄区域国家贫困差距指数（见表9-2）和国家人口总数及贫困线标准以下人口占总人口比例（表9-3、表9-4）对澜湄流域六国贫困进行统计。

表 9-2　澜湄区域各国的贫困差距指数　　　　单位:%

年份	2014	2015	2016	2017	2018
中国	1.9	1.6	1.4	0.7	0.5
柬埔寨	2.2	—	—	—	—
老挝	16.7	22.7	22.7	22.7	22.8
缅甸	—	—	6.4	6.2	2
泰国	0	0	0	0	0
越南	3.1	2.8	2.6	2	1.9

数据来源：根据亚洲开发银行统计数据整理。http：//www. adb. org/publications/series/basic—statistics.

表 9-3　澜湄区域各国人口总数　　　　单位：万人

年份	2014	2015	2016	2017	2018	2019
中国	139 945	140 685	141 405	142 102	142 765	143 378
柬埔寨	4 697	4 752	4 818	4 891	4 966	5 034
老挝	664	674	685	695	706	717
缅甸	5 228	5 268	5 305	5 338	5 371	5 405
泰国	6 844	6 871	6 897	6 921	6 943	6 963
越南	9 171	9 268	9 364	9 460	9 555	9 646

数据来源：根据世界贸发会议数据库资料整理。https：//unctadstat. unctad. org/wds/TableViewer/tableView. aspx.

表 9-4　澜湄区域各国国家贫困线标准
以下人口占总人口比例　　　　单位:%

年份	2014	2015	2016	2017	2018
中国	7.2	5.7	4.5	3.1	1.7
柬埔寨	13.5	14	14	14	12.9
老挝	23.2	23.2	23.2	23.2	23.2
缅甸	25.6	25.6	32.1	32.1	24.8
泰国	10.9	10.5	8.6	7.9	9.9
越南	8.4	7	7	5.8	5.8

数据来源：根据亚洲开发银行统计数据整理。http：//www. adb. org/publications/series/basic—statistics.

就纵向对比而言，在上述四组数据中，不管是贫困差距指数，还是人均国民收入，抑或贫困指数，存在较为严重贫困问题的国家是柬埔寨、老挝与缅甸；就区域国家横向对比而言，自实施革新开放政策之后，越南经济获得迅猛发展，在减贫工作上取得了突出成就；就人均收入而言，中国与泰国已发展成为中等偏上收入国家，然而因为区域发展失衡，贫困人口基数依旧不小。

二、澜湄国家贫困的成因

（一）历史殖民地影响

除了泰国以外，澜湄其他国家均存在被殖民的历史，民族国家建立较晚。因战争带来长期的社会混乱，较低的经济发展水平限制了这些国家的基础设施建设和城市化发展水平，进而导致大量人口从事农业生产。但是农业现代化水平的低下又使得农业人口主要依靠刀耕火种的传统农业种植方式维持贫困的生产和生存，而传统的农业种植带来的大气、水和土壤污染以及自然环境退化带来了更多的贫困人口，众多人口面临生活贫困的窘境。

历史长期形成的民族问题也是造成澜湄国家难以摆脱贫困的重要因素。国家内部各民族之间在利益诉求上的分歧难以协调，政治暴乱和政权更迭的现象时有发生，不稳定的社会环境使得贫苦民众的生活愈发困顿。经济发展与政治环境关联较高，澜湄各国不同程度地受到了国内政治动荡的影响，国家政策失误导致了社会生产效率长期低下，过多的政府债务不利于社会经济的恢复，还会使国家陷入贫困的泥潭不能自拔。

（二）经济体系边缘化

依据美国学者沃勒斯坦的观点，经济体系、政治体系与文明共同作用于世界体系的形成。从全球经济发展的视角来看，东南亚地区的国家在世界经济体系中处于沃勒斯坦提出的"中心—半边缘—边缘"层级结构的边缘地带，是以资本主义世界为中心地区的原料产地和销售市场，东南亚国家与其他地区尤其是中心区域存在着"不等价交换"现象。正是这种不等价交换，促成了中心地区的资本积累和边缘地区的贫困。澜湄国家作为东南亚地区的一部分，在经济发展过程中长期被边缘化，尤其是老挝、缅甸和柬埔寨等国家长期处于全球生产分工的最边缘，其产业结构也毫无例外地处于全球价值链的最底层，经济发展模式缺乏充分吸引外国投资的能力，无法有效实现出口增长和就业扩大，最终导致老挝、缅甸和柬埔寨等国家成为全球贫困较为严重的地区。

（三）无益贫式经济增长

从地区经济发展的视角来看，澜湄国家的经济发展水平和政治安全环境不理想，处于破碎地带且缺乏行之有效的中央权力，区域间经济发展不平衡。尤其是老挝、缅甸和柬埔寨等国家，尚处于工业化起步阶段，资本积累过程中伴随着工农业产品交换过程对农产品的价格剥削，使得农村中下层民众难以脱贫，进而造成了严重的城乡分化和贫富分化。另外，澜湄国家经济增长主要集中在城市地区，农村地区的资源和劳动力主要流向城市以满足工业化发展的需要，形成了对大部分人口集中的农村地区的资源消耗和环境破坏。城市的发展不仅没有对农村地区基础设施建设进行有效投入和构建社会保障制度反哺，资本积累与利益分配的不公平反而很大程度上激化了社会矛盾，整个国家或地区没有形成均衡性的益贫式增长，贫困问题也很难在经济发展失衡的情况下消减。

（四）吸引外资偏少

主流经济理论认为，国际直接投资（Foreign Direct Investment，FDI）水平的不断提高，有利于一国贫困人口的年人均可支配收入提高和人力资本的积累，即 FDI 对减贫会产生一定的正向效应。包括中国在内的发展中国家，在致力于依靠自身力量解决贫困问题的同时，也要注意借鉴国际社会先进的减贫理念和成果，积极吸引外资解决贫困问题。20 世纪 90 年代初期，中国就开始利用外资进行扶贫，先后与世界银行、联合国开发计划署、亚洲开发银行等国际组织和英国、德国、日本等国家以及国外民间组织在扶贫领域开展了卓有成效的减贫项目合作。

但是从 2012—2019 年澜湄五国吸引外资的总金额（见表 9-5）以及澜湄五国在东盟吸引外资当中所占的比例（见表 9-6）来看，澜湄五国吸引外资的数量明显偏少。

表 9-5　澜湄区域各国与东盟 2012—2019 年吸引外资

单位：亿美元

年份	2012	2013	2014	2016	2017	2018	2019
中国	1 210.73	1 239.11	1 285.02	1 355.77	1 337.11	1 363.15	1 383.05
柬埔寨	150.40	162.10	161.69	117.24	138.48	138.37	115.35
老挝	6.18	6.81	8.68	10.78	9.35	16.86	13.20

表9-5(续)

年份	2012	2013	2014	2016	2017	2018	2019
缅甸	4.97	5.84	9.46	28.24	29.89	43.41	35.54
泰国	91.35	154.93	48.09	56.24	18.15	66.61	103.99
越南	83.68	89	92	118	126	141	155
东盟	1 124.156	1 183.87	1 295.04	1 141.92	1 116.56	1 523.20	1 488.85

数据来源：根据世界贸发会议数据库资料整理。https：//unctadstat. unctad. org/wds/Table-Viewer/tableView. aspx.

从表9-5可以看出，2012—2019年，澜湄五国当中，越南吸引的外资最多，2019年达到155亿美元；老挝吸引的外资最少，2019年为13.20亿美元。但是总体上看，澜湄五国吸引外资数量明显偏少，不利于澜湄区域国家经济增长和减贫。

另外，从澜湄五国2012—2019年吸引外资占东盟FDI的比例来看，除了越南和柬埔寨以外，其他三个国家都没有达到东盟吸引外资的平均水平，且柬埔寨吸引的外资占东盟的比重呈现不断降低的发展趋势。

表9-6　澜湄五国2012—2019年
吸引外资占东盟FDI的比例　　　　　　　　　单位：%

年份	2012	2013	2014	2015	2016	2017	2018	2019
柬埔寨	13.38	13.69	12.49	10.27	12.40	9.08	7.75	9.31
老挝	0.55	0.58	0.67	0.94	0.84	1.11	0.89	0.36
缅甸	0.44	0.49	0.73	2.47	2.68	2.85	2.39	1.78
泰国	8.13	13.09	3.71	4.92	1.63	4.37	6.98	2.66
越南	7.44	7.52	7.10	10.33	11.28	9.26	10.41	10.35

（五）自我减贫意愿不强

澜湄国家的少数民族人口较多，而且少数民族地区居民的生产生活方式较为原始，少数民族地区居民对改善生活的要求仅仅停留在温饱层面，消减贫困的意愿不强，贫困问题与民族问题相互交织，增加了贫困问题的复杂性。同时，受到宗教理念和社会文化的影响，澜湄流域各国民众对自然的敬畏心理使其对资源开发持有非常谨慎的态度，居民大多安于现状，务农人口缺乏对农业产量和经济效益的关注，倾向于采用简单的耕作模式进行作物种植以减少劳动成本，不愿意通过利用自然资源的方式解决贫困问题，导致贫困人口大量增长。

虽然近年来国际社会的援助力度在不断加大，但是国际援助大多属于"输血式"减贫而非"造血式"减贫，不仅没有大量减少极端贫困人口，反而使得社会财富分配的不均等程度上升，使得老挝、缅甸和柬埔寨等国家对国际援助存在高度依赖性，普通民众寄希望于依靠其他国家和非营利国际组织所给予的援助进行生存。大多数贫困国家习惯了接受国际援助并将这些国际援助视为全球化过程中别国对自身提供的"发展补偿"。这种思想认识束缚了贫困国家的经济发展，加剧了其贫困的严重性。

三、澜湄国家贫困与国际减贫合作的相关研究

阿塞尼奥·M. 巴利萨肯（Arsenio M. Balisacan）等人合著的《东南亚的乡村贫困：问题、政策与挑战》指出，若要解决东南亚农村地区的贫困问题，应实现消除极度饥饿与贫穷、实现均等教育、实现环境可持续发展等诸多目标①。这也表明东南亚的贫困问题成因复杂，需要从多个方面着手解决。埃杜·安德里斯（Edo Andriesse）等学者撰写的《老挝的省级动态贫困：以沙湾拿吉为例》提出了社会和历史因素的综合影响是老挝社会贫困产生的根源，而农村转型时期不平等的社会经济环境则进一步阻碍了减贫的进程。

菲利克斯·K. 张（Felix K. Chang）所著的《湄公河下游行动计划与美国的东南亚外交政策：能源、环境与权力》一书，对美国与湄公河地区的合作进行了较为详细的论述，认为美国的目标是在提高区域凝聚力的基础上达成削减中国影响力的政治目标，湄公河下游行动计划目标的达成则取决于成员国对利益分歧的平衡②。唐纳德·E. 韦瑟比（Donald E. Weatherbee）所著文章《湄公河流域的合作与冲突》指出，湄公河区域合作发展的设想已经嵌入东盟合作框架之中，多个项目的设立实际为推动湄公河流域的经济发展做出了贡献，但是。目前区域内6个重叠且冲突的项目规划和议程，影响了区域内国家经济利益的优化和政治目标的达成。国内学者卢光盛（Guangsheng Lu）发表

① ARSENIO M BALISACAN, ROSEMARIE G EDILLON, SHARON FAYE A PIZA. Rural Poverty in Southeastern Asia: Issues, Policies, and Challenges [J]. Asian Journal of Agriculture and Development, 2005, 2 (1-2): 24-37.

② FELIX K CHANG. The Lower Mekong Initiative &U. S. Foreign Policy in Southeast Asia: Energy, Environment & Power [J]. U. S. Foreign Policy in Southeast Asia, 2013, 1 (24): 282-299.

的英文文章《澜沧江—湄公河合作：如何从多边机制中脱颖而出》提出了相对于原有合作机制，澜湄合作机制具有更多优势，应充分利用好丝路基金（Silk Road Fund）和亚洲基础设施投资银行等平台，谋求成员国之间广泛而深入的共同利益，凸显澜湄合作机制的优势[①]。

针对中国参与湄公河区域合作问题，国内外学者从动因、态势和成效等诸多方面进行了研究，这些研究不仅涉及中国对湄公河区域发展的经济影响，还包括对其区域内国家政治、环境和生态等方面的影响。新加坡学者吴翠玲（Evelyn Goh）的文章《中国在湄公河流域：澜沧江资源开发的区域安全意义》在分析中国开发湄公河流域水电资源的动因与影响的基础上，提出了生态问题与环境压力是中国参与区域建设主要障碍的观点[②]。智利学者克里斯勒特·圣帕塔里克（Krislert Samphantharak）的《中国的崛起及其在东南亚的直接投资》认为中国始终保持着与东南亚国家的密切联系，同时提供了大量的商业机会，未来中国可能需要更多地通过商业影响力途径达到经济更加全球化和更具竞争力的目标。另外，中国通过合作机制，向澜湄成员国提供公共产品，可能会扩大自身对湄公河流域东南亚国家的单一影响，最终有可能会将日本排除在区域竞争之外[③]。日本一直以来也在东南亚国家大力开展各种合作行动。

---

① GUAGSHENG LU. Langcang-Mekong Cooperation: How Did It Emerge from All Multilateral Mechanism? [J]. China and the World, 2016 (3): 20-23.

② EVELYN GOH. China in the Mekong River Basin: the Regional Security Implications of Resource Development on the Lancang Jiang [J]. RSIS Working paper, Singapore: Nanyang Technological University, 2004 (69): 1-27.

③ SAMPHANTHARAK KRISLERT. The Rise of China and Foreign Direct Investment from Southeast Asia [J]. Journal of Current Southeast Asian Affairs, 2011, 9 (15): 65-75.

第十章　澜湄国家参与的
国际减贫合作行动

澜湄国家若要提升其地缘政治影响力，一个有效手段就是发展援助。从东南亚大陆地区看，湄公河地区处于其腹地之中，处在印度洋与太平洋的交汇点上，连接着南北部，属于极具代表性的陆地关键地区。目前，不少国家通过参加湄公河地区减贫合作方式争取这一重要地缘支点。

以澜沧江—湄公河为中心的区域减贫合作的方式主要有两种：一是双边合作，二是多边合作。双边合作是两个行为体间构建起来的合作机制，其中，主导大国与地区集合体各为其中的一边，是一种极其独特的双边机制。比如，韩、日、美、中等和湄公河区域共同体或者单一国家之间构建的合作机制均为上述双边机制。多边合作是在减贫领域中，不少于3个国际关系行为体之间形成的合作机制。减贫问题在全球化时代的复杂性决定了一个贫困国家很难依靠自身摆脱贫困，为了减贫脱贫，贫困国家会选择尽可能多地建立或参与各种多边合作以获取资金、资源、技术等，推动本国减贫工作的开展。

一、双边减贫合作

（一）美国—湄公河合作机制

在地缘博弈中，美国开始逐步回归地缘经济外交传统。一些美国学者给出的建议是：美国国会需把五角大楼的资源向应用经济工具方向转移，基于此推动国家利益的发展，例如对外投资或者援助。奥巴马在任时期就对湄公河地区的策略十分重视，于2009年和该地区国家举行了"美国—湄公河下游部长会议"，并在双方合作中，明确地把机制建设当成其中一项重点内容，标志着"湄公河下游行动计划"正式启动。2010年5月，为落实该计划内容，密西西比河委员会与湄公河委员会积极推进构建"姊妹河"关系，共同签订了双边合作协议，涵盖了环保、农业与能源等方面的合作，主要关注湄公河流域的农业和粮食安全，以促进粮食的高质量增产和农业贸易的可持续发展。在此期间，美国发挥牵头作用，澳、韩、日等亚太主要盟友与湄公河下游五国之间形成"湄公河下游之友"关系。2011年3月，美国与上述湄公河下游国家共同草拟了《湄公河下游倡议》，对今后5年计划做出详尽规划，并设立了"网上秘书处"，为加强各个国家间的规划与协调提供便利。此外，在卫生、教育和基础设施领域，美国援助总额近1.5亿美元，受到湄公河区域各国的欢迎。在大量合作机制的基础上，美国加大了对湄公河地区的战略布局力度，让该地区发展成美国重新返回亚太地区的一个"战略前沿"，一方面该举措让美国通过该平台更加广泛地介入湄公河地区事务，另一方面该举措为其重新返回亚太地区创造了新的战略条件。该举措逐渐发展成美国对中国进行制衡，提升其区域影响力的一项重要措施。

（二）日本—湄公河合作机制

"冷战"结束之后，日本对与湄公河地区的合作非常重视，目前在对该区域进行投资与援助的国家中，日本排名首位。总体而言，日本—湄公河合作机制可以分为三个阶段，第一个阶段是合作雏形形成期。20世纪90年代中后期，日本开始关注对澜湄区域五国的援助，"印度支那综合开发论坛"于1993年在日本举办，着重对经济援助及共同开发湄公河地区做出强调，重点援助人力资源培养和基础设施建设。第二个阶段是走向前端，奠定基础。"大湄公区域合作计划"方案提出后，日本一步步朝着该区域前端推进，为2003年合作措施的出台创造了有利条件。在该区域，我国提出构建"南北经济走廊"，日本随即强调要推动构建"东西走廊"。第三个阶段是达成共识，形成合作机制。日本通过与东盟各国及澜湄区域各国举办一系列高峰会议，一步步推动日本和该区域国家形成共识，构建合作机制。2003年，"日本—东盟特别首脑会议"在东京举办，《日本—东盟行动计划》《新千年富有动力和持久的日本—东盟伙伴关系东京宣言》在会议上发表，日本提出构建东亚共同体的倡议，随后通过与澜湄区域各国高层会议，针对不同国家，细化各项政策，提出详细的合作内容。日本与柬埔寨、老挝、缅甸、越南深化合作，于2004年成立了"四国产业合作援助研究会"。2005年9月，日本第一次和上述四国在万象举行经济部长会议，承诺援助四个国家建设生产与销售网络、基础设施和人力资源培训项目。2007年，时任日本首相安倍晋三对越、老、柬三国进行国事访问，希望和其构建"价值外交"体系，日本将充分发挥主导作用。基于此，"日本与湄公河区域合作伙伴机制"正式建立。2009 年之后，"日本与湄公河国家领导人峰会"每年都举办一次，进一步深化双边合作。此外，日本还投入了大量的经费。比如，2012 年日本对外宣称，在接下来的 3 年中，将投入 74 亿美元援助澜湄区域国家①。2018 年 10 月，在东京举办了"日本与湄公河流域国家领导人峰会"，双方共同发表了《东京战略 2018 宣言》，日本重申将与各国共同致力于解决域内贫困问题。在日湄合作中，日本跟随美国外交政策，除了借助其主导的区域内多边合作机制"澜湄区域经济合作"（GMS）插手澜湄区域事务外，更于近年来在湄公河流域大力推销日本版"印太战略"。

（三）韩国—湄公河合作机制

韩国以"韩国—湄公河开发论坛"为契机，于 2011 年发起"韩国—湄公河国家外长会议"，会后正式发表《关于建立韩国—湄公河全面合作伙伴关系，实现共同繁荣的汉江宣言》，双方对话机制正式建立。在第七届澜湄区域国家—韩国外长会议上，除了对澜湄区域国家—韩国行动计划（2014—2017）的成果进行回顾以外，韩国还与各国商议了 2017—2020 年的长远合作计划，具体项目涉及跨国经济走廊建设、基础设施建设、电子商务平台建设以及农业种植和水资源管理等合作领域。2018 年，第八届韩国—湄公河国家外长会议在新加坡召开，韩国表示将加强与湄公河流域国家继续向澜湄区域国家—韩国合作基金会（2013—2017 年）提供 430 万美元的资金援助，援助资金占 1987—2017 年韩国向东盟提供官方发展援助资金总额的 74%。2019 年，首届"韩国—湄公河流域国家领导人峰会"在釜山举行，双方联合发表了《汉江—湄公河宣言》，强调将在信息通信技术、文旅、农业农村开发、非传统安全、基础设施、环境与人力资源开发等方面优先进行合作。

（四）印度—湄公河合作机制

印度在实施"东向政策"的基础上，正式提出建设"湄公河—印度经济走廊"的构想，希望在该区域提升其影响力及存在感。自 1990 年起，印度和东盟之间的关系逐步得到改善。1991—1996 年，印度出现了严重的经济危机，为深化安全合作、促进经济融合及发展政治联系，印度总理纳拉辛哈·拉奥围

---

① 商务部. 日本承诺拨款 74 亿美元开发湄公河流域基础设施 [DB/OL]. （2012-04-08）[2020-02-28] http://www.mofcom.gov.cn/aarticle/i/jyjl/j/201204/20120408084844.html.

绕东南亚地区推出"东向政策"。2000 年，印度向柬埔寨、老挝、泰国、缅甸和越南主动发起了"湄公河—恒河合作倡议"，旨在促成各国之间在旅游、文化、教育以及运输、通信等方面的合作。2012 年以后，印度开始积极推动湄公河—恒河部长级会议的举办，增设关于中小企业发展、农作物种植以及流行病预防等新领域的项目合作①。通过对湄公河流域国家给予资金扶持，印度正逐步推动印度—缅甸—泰国公路项目的建设，在致力于推进与东南亚相连接的交通运输线建设的基础上，改善其自身在东北亚区域所处的隔绝状态，进一步巩固国家安全。此外，会议还商讨了有效提升印度—东盟之间连通性的合作路径。在可持续发展的相关议题上，印度还计划与流域内各国共同应对包括气候变化在内的环境问题，并提出合理利用水资源的可行方案。此外，在湄公河—恒河第九次部长级会议上，湄公河区域各国表示将与印度在货物清关、进出口贸易等方面进行紧密合作，以便于消除贸易壁垒并建立区域经济供应链。今后一段时间内，印度将逐步把合作重点放到基础设施发展与减贫合作上来，以便在湄公河流域获得更多积极关注。

二、多边减贫合作

（一）澜湄区域（GMS）合作机制

在澜湄区域中，为在经济层面加强各个国家之间的联系，消灭贫困，推动该区域社会与经济可持续发展，1992 年，由亚洲开发银行牵头，该区域构建了"大湄公河次区域经济合作"（GMS）机制，其中越南、中国、老挝、泰国、柬埔寨与缅甸六国为成员国。1992 年 10 月，在亚洲开发银行的支持下，第一届大湄公河次区域合作会议正式召开，且自第二届起，会议明确六国部长级会议每年至少举行一次。此外，合作领域包括禁毒、交通、人力资源开发、旅游、能源、贸易和投资、通信、环境和自然资源管理八个方面。第十届部长级会议于 2001 年召开，会后各方联合发表了《大湄公河次区域经济合作未来10 年战略框架》，明确要建设旅游、电信骨干网、重要交通走廊、贸易和电力联网与投资等战略联盟。2002 年 11 月，首次大湄公河次区域领导人会议在金边举行。会议明确提出，自此之后，每隔三年举办一次领导人会议。2005 年 7

---

① About Mekong-Ganga Cooperation MGC［EB/OL］.（2017-03）［2020-03-18］http：//www. mea. gov. in/aseanindia/about-mgc. htm.

月，第二次首脑峰会于我国南宁召开，各方正式对外发表《领导人宣言》，签订了区域合作相关文件，对今后重点合作内容及方向做出了具体规划。如此一来，GMS 合作机制不断完善，至今已发展为各领域务实合作、部长级及领导人会议的一个总体合作架构。

多年来，GMS 不断深入发展，通过了 GMS 区域投资框架（2012—2022，RIF）、2014—2018 年《区域投资框架》《领导人宣言》《RIF—IP》《河内行动计划》，在 2019 年大湄公河次区域经济合作第 23 次部长级会议上，《GMS 长期发展战略 2030（草案）》《GMS 区域投资框架 2022（更新版）》获审议通过，同时《大湄公河次区域经济合作第 23 届部长级会议联合声明》正式对外发布，GMS 成员之间可以在更加广泛的领域合作，包括经济走廊、环境、交通、人力资源开发、能源及旅游等，成果颇丰。

（二）澜湄合作机制

我国和越、柬、泰、缅、老等湄公河流域国家"因水结缘"。在 2004 年举行的第 17 次中国—东盟领导人会议上，国务院总理李克强发出构建澜湄合作机制倡议，上述五个国家积极响应。2016 年 3 月，澜湄合作机制（LMC）正式启动。我国领导人着重承诺，在接下来的五年中，我国将对上述五国投资 3 亿美元，用来支持中小型合作项目的建设。从澜湄合作来看，社会人文、经济健康有序发展、政治安全是其三大支柱，且减贫、产能、水资源、互联互通与跨境经济是优先合作的五大领域。该合作是互惠务实及持续开发的一种对话合作机制，属于以多边合作问题为中心而形成的新的多边合作机制，是习近平总书记倡议的建设亚洲命运共同体的实际行动之一。其根本出发点在于构建"南南合作"新典范，是将我国"亲、诚、惠、容"外交原则与"一带一路"倡议融于一体的全新尝试。

澜湄六国联合出台实施了《澜沧江—湄公河合作五年行动计划（2018—2022）》《三亚宣言》《关于澜湄合作框架的概念文件》等诸多文件，在经济、政治方面，探索出一条澜湄流域各国共同合作的新道路。与此同时，在投入澜湄合作专项基金的基础上，澜湄六个国家推出了一系列中小型合作项目以推动民生发展，为推进经济、社会健康有序向前发展奠定了良好基础。2020 年 2 月，第五次澜湄国家外长会议在老挝万象召开，我国提议将专项基金用于五个国家的152 个项目建设。这将中国与澜湄国家共克时艰、命运与共的精神充分彰显了出来。

目前，澜湄合作机制构建了领导人发挥引领作用、全面覆盖、各部门共同协作的大合作格局，形成"3+5+X合作框架"。专项基金对五个国家利民生、接地气的410余个项目提供支持，澜湄合作由之前的"培育期"朝着"成长期"方向发展。

（三）其他多边机制

湄公河地区在构建了上述两种多边减贫机制之外，还有1957年成立的"湄公河委员会"。基于此，1995年新湄公河委员会正式建立。柬埔寨、老挝、泰国与越南共同签订了《湄公河流域可持续发展合作协定》，该委员会成员除了原来湄公河下游四国外，还加上了湄公河上游的国家，主要合作内容是对湄公河的水资源以及流域综合开发制订计划并管理实施。1993年，泰国政府提出，以中国主导的平等互利、共同发展原则为基础，进行小区域范围的国际经济合作即"中老缅泰黄金四角合作"。东盟国家于1996年提出"东盟—湄公河流域开发合作"倡议，同时在首次部长级会议后联合发表了《东盟—湄公河流域开发合作框架文件》，构建以高官、部长会议为主的合作机制，并对合作领域、原则与目标予以明确。1999年由柬、老、越三国总理共同倡议在老挝的阿速坡、西公与沙拉湾省；柬埔寨的桔井、蒙多基里、上丁与拉达那基里省；越南的达农、嘉莱、多乐和昆嵩省成立"柬老越发展三角区"，促进三个国家边界区域发展，将所在地资源、社会与经济潜在能力充分发挥出来，并促进发展机制与基础设施的进一步提升。2003年，泰国提议成立"伊洛瓦底江—昭批耶河—湄公河经济合作战略"（三河流域机制），现有成员国为缅甸、泰国、老挝和柬埔寨。该战略旨在建立次区域范围内的合作框架。以上这些合作机制都是湄公河地区多边减贫合作机制的重要组成部分。

第五篇　中国与澜湄国家减贫合作基础、模式与成效

第十一章 中国与澜湄国家
减贫合作基础

一、减贫是澜湄国家共同面临的艰巨任务

柬埔寨作为全球最不发达国家之一，经济增长速度一直较为缓慢，2018年经济脆弱指数（Economic Vulnerability Index，EVI）为34.8%①。柬埔寨国家经济的发展主要依靠农业并辅之以旅游业和成衣制造业，工业基础非常薄弱。按照国际公认的世界银行划定的1人1天消费1.9美元的贫困线标准，2018年柬埔寨低于国际贫困线的人口占比24%，国内贫困问题突出。

老挝是澜湄五国中唯一的内陆国家，被列为全球最不发达国家之一。依据国际贫困线标准，老挝2018年的贫困人口占国家总人口的23.2%②，贫困人口基数较大，国内工业基础相当薄弱，经济发展非常缓慢，2019年老挝的国内生产总值仅为185亿美元。老挝一直都需要依靠国际社会经济援助和技术援助才能维持自身的发展。

缅甸贫困问题与国内政治生态、民族问题以及毒品问题相互交错，国家经济发展支柱产业——农业受到局部冲突和罂粟种植占用大片耕地的影响后加快了贫困人口的增长。据统计，缅甸2018年生活在国家贫困线以下的人口占总人口的24.8%，缅甸国内每日生活标准低于1.9美元国际贫困线的贫困人口占总人口的2%。

泰国已经成为新型工业化国家，国内生产总值由2000年的1 264亿美元增

① 亚洲开发银行官网［DB/OL］.［2020-02-19］. http：//www. adb. org/publications/series/basic-statistics.

② 亚洲开发银行官网［DB/OL］.［2020-04-07］. https：//www. adb. org/publications/basic-statistics-2020.

长至 2019 年的 5 436 亿美元。从国家贫困线划分标准来看，就贫困人口占比而言，2006 年为 21.9%，到了 2018 年，该数据降至 9.9%；而根据国际普遍认可的标准进行衡量，2014 年泰国贫困人口占总人口比例已为 0，泰国在减少极端贫困方面取得了显著成效。但尽管如此，泰国依然存在贫困问题，主要体现在城乡贫困问题上。在泰国的偏远地区和农村地区依旧生活着较多的贫困人口，收入不平等问题使得城乡收入差距日益扩大，贫民受老龄化程度日益加深、农业机械化水平低、受教育水平不高、社会事业发展保障不足等因素的影响，难以快速脱贫。

越南 2017 年以国内生产总值 2 239 亿美元步入中等国家之列。2018 年，越南生活在国家贫困线以下的人口占总人口的 5.8%，绝对贫困人口数量逐年减少。但是在外部冲击和经济发展不稳定的双重影响下，加上地区之间经济发展不平衡，新的贫困问题摆在越南面前。越南的贫困人口多集中在农村地区、北部山地地区和少数民族聚居地区，各地区和各民族之间存在着明显的贫困差异。

整体来看，澜湄国家贫困问题有三个共同点：一是从澜湄合作机制成员国贫困人口地理分布来看，相对集中于经济条件较差的农村，体现出区域性贫困的特点。二是从国民收入水平看，贫困的不平等性突出，即在国家内部，社会各个收入阶层在财富增长方面存在高度不均衡性现象，尤其穷人收入的增速远远低于富人收入的增速。三是从贫困程度与维度来看，存在贫困程度深与多维贫困现象。据统计，在澜湄流域五个国家 2.4 亿人口中，生活水平低于国际贫困线的人口占澜湄国家总人口的 12%，贫困成为抑制澜湄流域国家发展的主要因素。中国是当前世界最大的发展中国家，中国与澜湄流域其他五国都面临着艰巨的减贫任务，开展减贫合作是双方共同的需求和共同的任务。联合国提出的《2030 年可持续发展议程》强调，要将贫困逐步消除，而开展减贫合作亦是澜湄流域国家贯彻实施该方针的一种重要手段。

二、中国具备对澜湄国家提供减贫支持的能力

中国与澜湄区域国家贫困特征的趋同性使得中国与澜湄国家减贫合作成为必要，同时，中国长期以来在减贫领域取得的成就使得中国可以为澜湄国家提供宝贵的经验。新中国成立 70 多年来，一直致力于缓解和消除贫困，特别是改革开放以来，我国经济快速增长为减贫奠定了扎实基础。1984 年上半年，

邓小平同志提出社会主义与共产主义不是贫困的根源，我们要做的是消灭贫穷。自改革开放起，中国走出了一条以协同推进、广泛共享经济增长为基础，以持续发展和完善减贫治理为保障，以全面发展和共同富裕为目标，以开发式扶贫和精准扶贫战略为路径，不断借鉴和创新国际减贫经验的中国特色的减贫道路。从目前实施的标准看，就农村贫困人口规模而言，2012 年为 9 899 万人，到了 2019 年，该数据下降到 551 万人，贫困发生率从原来的 10.2% 下降到 1.7%，国内广大农村地区减贫数量达到 7 亿余人，在全世界范围内，中国的减贫贡献率在 70% 以上。不管是世界银行，还是联合国，都通过其研究报告对外宣布全球减贫事业获得了巨大成就，并认为这当中中国做出的贡献占了 2/3。目前，中国已经完全具备向澜湄国家减贫提供经验借鉴并开展国际减贫合作的能力。

（一）优越的政治与制度优势

改革开放至今，我国贫困人口数量累计减少 8.5 亿人，基本实现了脱贫目标，该减贫人口规模与欧洲或非洲人口规模大体相当，为全球减贫史创造了一个"中国奇迹"。取得这一历史性突破的根本原因在于坚持中国共产党的领导不动摇，坚持中国特色社会主义道路不动摇。党和政府一直将执政兴国作为首要发展任务，遵循以人为本的原则，在治国理政过程中，一直将消除贫困放在核心位置上，大批党员干部以"第一书记"身份驻扎在贫困地区，充分发挥政府密切联系群众的政治优势，与贫困地区人民共同克服困难，瞄准减贫目标，致力于推动当地经济发展，铲除"穷根"，摆脱贫困。在减贫工作推进过程中，面对发展带来的成本转嫁问题而导致发展不平衡，从而引起的贫困问题，中国坚持发挥中国特色社会主义制度优越性，将政府宏观调控与贫困地区资源优势相结合，不断增强经济发展活力与后劲。从 2003 年"三农"政策提出到 2005 年新农村建设战略再到 2017 年乡村振兴战略，逐步平衡城乡差别；在实施中部崛起战略、振兴东北老工业基地及西部大开发战略的基础上，总体推动区域均衡发展。中国的减贫成就充分彰显了中国特色社会主义的制度优势与政府的政治优势。

（二）社会广泛参与的减贫合作发展机制

新中国成立 70 多年来，中国的贫困治理主要由中国政府主导减贫政策制定、资源整合、人员调配、项目实施和资金分配，并引导多元主体参与。

一是建立起减贫工作机制，不断完善开发式扶贫管理体系，形成中央负责统筹协调、各省份承担总责、各县级政府负责贯彻实施的扶贫大格局。中央部门着重做好总体开发各片区工作，而地方政府的职责是开展精准扶贫，将扶贫资金用好，用到实处，确立减贫脱贫考核评价体系，充分发挥体制优势，有组织、有计划、大规模地进行扶贫，政府在扶贫中发挥主导作用。2015 年之后，扶贫开发领导小组的成员部门超过 47 个，各部门一同努力打赢脱贫攻坚战。

二是建立广泛动员社会成员参与减贫机制。推动社会各方积极融入扶贫工作当中去，构建了社会、行业、专项扶贫共同参与的大扶贫格局，形成了"三位一体"扶贫体系，将各方资源与力量进行有效整合，有力地推动扶贫工作的开展，这成了中国减贫实践的重要经验。

三是有效吸收国际扶贫资源。中国从 1980 年开始利用国际金融组织贷款和外国政府贷款。为了利用好国际扶贫资源，国务院扶贫开发领导小组办公室除了成立外资项目管理中心外，还在陕西、山西、广西、新疆、甘肃、云南、贵州和四川 8 个扶贫任务重的省（区）设立外资扶贫机构，主要用于教育、卫生、环保、工业、交通等方面的建设，成为我国扶贫资源的有益补充。

（三）政府主导的开发式扶贫方针

在 20 世纪 80 年代初以前，我国农村减贫主要是采取救济式扶贫，国家通过投入扶贫资金，向贫困群众发放钱或者物，这虽然可以短时间内缓解贫困群众的生活困难，但无法使其最终摆脱贫困，甚至在一定程度上使其养成了"等、靠、要"思想，无法有效发挥扶贫资金的效益。从 1982 年起，中国开始探索开发式扶贫路径以破解这一困境。在近 40 年的脱贫减贫实践探索中，中国一直坚持"开发式扶贫"方针，取得了减贫脱贫系列成效，并不断丰富和扩展其内涵。

一是全方位开发贫困地区资源。除了开发贫困地区的自然资源外，还重点拓展贫困地区的人文资源和人力资源，特别是开发人力资源。"教育好一个贫困孩子，可以彻底挖掉一个家庭的穷根"。2013 年，习近平总书记强调，最为根本的脱贫致富策略就是教育，再穷不可穷孩子、不可穷教育，一定要将义务教育工作做实做好，保证所有贫困家庭的小孩可以获得良好教育，避免他们在起跑线上就输了一大截。扶贫首先要做到扶智、扶志，使贫困家庭的小孩能够得到全方位的教育，通过教育习得自力更生之本领，促进其文化素养的提升，避免贫困在代际传递，为脱贫致富提供源源不断的人力资源保障。因此，我国在开展减贫工作时，对教育扶贫十分重视。2018 年，国务院扶贫办与教育部联合出台实施了《深度贫困地区教育脱贫攻坚实施方案（2018—2020 年）》，通过补、奖、助、免、贷等一系列措施，保障所有贫困小孩在各教育环节均可实现"有学上""上得起"的目标，通过制度建设对他们接受教育的权利提供保障，推动他们自我建设能力的进一步提升，推动贫困家庭实现"精神脱贫"的目的，进一步做好源头控制，切实将贫困的代际传递根源切断。对于贫困区域，以贫困人口为对象，加大技能培训力度，让他们拥有更强的脱贫致富本领，提振自信，相信自己一定能够脱贫致富，不断激发其进取精神和内生动力，增强"自我造血"功能，实现自主脱贫。

二是经济发展与生态保护实现"双赢"。经济发展是中国减贫的根本途径，而产业扶贫可以为贫困户"造血"，带动经济的发展。中国在减贫过程中，将贫困区域的一系列优势资源最大限度地利用起来，推动特色产业的发展，对经济结构进行优化调整，逐步构建完整的产业体系，让贫困群体拥有更多的就业选择，实现收入的增长，进而推动贫困区域内源式发展，进一步推动减贫脱贫工作。然而中国的开发式扶贫工作与生态保护工作存在高度重叠。据环境保护部统计，中国生态环境脆弱的边远贫困地区，容纳了80%的国家级贫困县及95%的绝对贫困人口。因此在减贫脱贫过程中，我国一直在贯彻实施习近平总书记提出的"两山理念"，即遵循"绿水青山就是金山银山"的根本原则，坚定不移地推动实现可持续发展、绿色发展与协调发展，将贫困地区的产业发展建立在生态保护的基础之上，加强对减贫行动主体的生态教育和技能培训，坚决反对为了片面追求经济增长而牺牲生态环境的发展方式，不断提升贫困人口绿色发展能力。

三是融入社会保障"兜底"功能。随着中国"精准扶贫"战略的不断深入，国内大部分贫困人口表现出生理性贫困的特点。从统计数据看，2015年12月，在建档立卡贫困户中，由于疾病而导致贫困或返贫的占比达到41%。中国国家主席习近平对此阐述了"五个一批"反贫困组合，特别强调了社会保障在脱贫攻坚中要充分发挥兜底扶贫的关键作用。也就是说，对贫困人口尤其是对劳动能力丧失或者部分丧失的贫困人口，要通过社保政策进行"兜底"。2015年底，国务院发布夺取脱贫攻坚战胜利的纲领性文件《关于打赢脱贫攻坚战的决定》，随后出台《"十三五"脱贫攻坚规划》细化社会保障减贫政策、项目和人口脱贫目标的具体操作指南。在具体实践过程中，我国经过一步步发展，构建了社会福利、救助与保险集于一体的社保减贫政策体系与制度框架，致力于探索出一条极具本土特色的社保减贫道路。从减贫实践看，我国在开展开发式扶贫工作时，充分与社会保障有机结合起来，一方面让贫困区域提升自我发展能力，另一方面让失去劳动能力的贫困人口得到最低生活保障。

在开展开发式扶贫工作的过程中，政府大力践行开发式扶贫政策，这是在制度上、理论上和实践上的创新成果。改革开放以来，国内开发式扶贫工作中取得的一系列成就证明，开发式扶贫是与我国国情相符的基本方针，并得到了国际社会和众多发展中国家的高度评价和赞誉。在"2017 减贫与发展高层论坛"上，联合国秘书长古特雷斯发来贺信，信中对我国减贫政策进行了高度赞扬：精准减贫政策是对贫困群体提供切实帮助、促进 2030 年可持续发展目标完成的唯一方法。中国采取该政策达到了让几亿人脱贫的目的，对于其他发展中国家来说，中国经验可复制、可借鉴、可参考。我国一直对东盟国家减贫与社会发展工作十分重视，并做出了不懈的努力。柬埔寨农村发展部大臣乌拉奔对此进行了高度评价：从减贫方面看，中国取得的巨大成就，大家有目共睹。东盟国家在减贫与社会发展方面，可充分借鉴中国经验。可见，中国的减贫实践是对人类社会发展规律的成功探索，将中国成功的实践经验作为特殊的公共产品，与发展中国家共享脱贫的"中国方案"，也是中国对人类社会做出的一大贡献。

三、减贫合作是中国—东盟命运共同体建设的重要着力点

2012 年，泰国以促进澜湄区域可持续发展为目的，第一次围绕深化澜湄合作提出倡议，我国对此做出了积极反馈。2014 年，国务院总理李克强在第十七次中国—东盟领导人会议上强调，为实现东盟区域发展的目的，中国将对泰国提出的合作设想进行积极响应，以"10+1"框架为前提，深入研究构建澜沧江—湄公河对话合作机制①。湄公河流域国家对此做出积极反馈。换言之，该机制是以"10+1"框架为基础建立起来的，其目的是要支持东盟缩小内部发展差距。2016 年，在我国海南三亚举行了第一次六国领导人会议，提出澜湄合作战略，并将命运共同体理念引入其中，合作主旨是合作共赢。

长期以来，湄公河区域外的多个国家在多个方面努力融入湄公河国家开发合作当中，从某种程度上而言，在与我国合作方面，位于湄公河下游的五个国家的需求变得越来越弱，导致该区域的开发合作变得越来越复杂，且竞争性越来越强。但是，在我国经济实现突飞猛进的发展之后，湄公河下游国家一方面

---

① 新华网. 李克强在第十七次中国—东盟（10+1）领导人会议上的讲话（全文）[EB/OL]. [2020-02-22] http：//www. xinhuanet. com//world/2014-11/14/c_ 1113240171. htm.

希望能够搭"中国便车"促进自己国家经济可持续发展，实现区域稳定与繁荣的目的，分享我国经济发展带来的巨大红利；另一方面也在一定程度上对我国持有戒备与担忧心态。综上所述，我国采取经济合作的方式促进多边、双边关系发展的策略明显遇到了障碍。并且，再加上领土争端等现实矛盾，湄公河下游国家对"澜湄命运共同体"的构建尚存有疑虑。因此，以减贫合作为切入点，开展减贫合作，既是双方的共同需求也是低敏感合作领域。在减贫合作中共享减贫政策信息、经验，增进减贫共识，有助于进一步传播"命运共同体"理念，推广并落实"睦邻、安邻、富邻"的周边外交理论设想，最大限度地发挥自身比较优势以促成湄公河地区的共同繁荣，缩小东盟内部发展差距，与中国—东盟合作进行有效对接，帮助湄公河流域五国实现《东盟互联互通总体规划 2025》《东盟共同体愿景 2025》制定的目标，实现普惠发展，更深层次地推进中国—东盟命运共同体建设，推动落实联合国《2030 年可持续发展议程》目标，为消减贫困、实现全人类的可持续发展做出贡献。

2018 年 1 月，根据澜沧江—湄公河合作首次领导人会议通过的《三亚宣言》等文件，澜湄国家制订并通过了《澜沧江—湄公河合作五年行动计划（2018—2022）》（以下简称《计划》）。《计划》指出，通过制订"澜湄可持续减贫合作五年计划"，推动澜湄国家减贫经验交流和知识分享。其主要内容包括加强减贫能力建设和减贫经验分享，开展澜湄国家"村官"交流和培训项目，通过人员互访、政策咨询、联合研究、交流培训、信息互通、技术支持等多层次全方位能力建设活动，提升澜湄国家减贫能力，在湄公河国家启动减贫合作示范项目等。《计划》旨在通过在减贫等领域的合作，促进澜湄沿岸各国经济社会发展，增进各国人民福祉，缩小本区域发展差距，建设面向和平与繁荣的澜湄国家命运共同体，同时致力于将澜湄合作打造成为独具特色、具有内生动力、受"南南合作"激励的新型区域合作机制，助力东盟共同体建设和地区一体化进程，促进落实联合国《2030 年可持续发展议程》目标。

第十二章　中国与澜湄国家减贫合作主要模式与方式

随着澜湄合作机制的深入推进，中国目前是柬埔寨、缅甸、泰国和越南的第一大贸易伙伴，是老挝的第二大贸易伙伴。初步统计，2017 年中国同五国贸易总额达 2 200 亿美元，同比增长 16%。中国累计对五国各类投资超过 420 亿美元，投资额增长 20% 以上。自 2016 年首次领导人会议召开以来，中国与澜湄五国新增航线 330 多条，2017 年人员往来约 3 000 万人次。中国就像新型火车头，把中国与湄公河五国之间的合作带入"高铁时代"，同时中国与澜湄国家合作减贫合作也随着中国与五国经济的发展而逐渐向纵深发展。

一、中国与澜湄国家减贫合作的主要模式

2016 年 3 月，在我国三亚举办的第一次澜湄合作领导人会议，围绕减贫领域提出了许多合作措施，联合发表了《澜湄国家减贫合作非文件》，进一步促进"东亚减贫合作倡议"落到实处，在减贫合作方面积极开展示范项目等。2016 年 6 月，在我国桂林举办了第一次澜湄合作减贫联合工作组会议，各个国家代表均明确表态，围绕减贫合作工作成立联合工作组，联合确定并发表了《澜湄合作减贫联合工作组一般原则》。2017 年 7 月，在柬埔寨暹粒举行了第二次会议，对《澜湄减贫合作五年计划》《澜湄合作减贫联合工作组一般原则》进行了深入研讨，形成了广泛共识。从澜湄减贫合作计划来看，其内容涵盖三个方面：第一，围绕减贫合作主题制订五年计划，促进各个国家相互分享与交流减贫知识与经验；第二，在充足经济学与减贫能力建设等方面，深入分享与交流减贫经验，在各个国家建立培训项目并进行"村官"交流，采取技术支持、联合研究、人员互访和信息互通等一系列方式，促进各个国家减贫能力进一步提升；第三，围绕减贫合作主题，推动建设示范项目。从减贫合作角度看，目前该联合工作组已累计召开会议 4 次，推动了多领域深化合作。

（一）人力资本能力提升减贫模式

脱贫，首先要做的并非突破物质贫困的束缚，而是要从思路与意识方面的贫困中摆脱出来。扶贫能力的提升有助于更好地利用扶贫资源，有效推进减贫脱贫工作。澜湄国家开展减贫合作以来，中国主要通过人员交流、培训、信息共享和技术支持等全方位、多维度提高湄公河流域五国减贫能力。在第一次澜沧江—湄公河合作领导人会议上，主持人李克强总理强调，中国愿意与湄公河国家一起努力，在人力资源培训方面进行战略合作，在接下来三年时间内，提供到中国培训名额 5 000 个、年政府奖学金 1.8 万人，同时研究成立职业教育培训中心。自开展减贫合作后，我国累计提供年政府奖学金 1.8 万人，由湄公河国家派人到常州、扬州等高职院校，深入进行农业技术、医疗、电力等专业学习。此外，来中国培训名额累计为 5 000 个，减贫发展培训班共办班 12 期。

在澜湄流域，为深化经济发展带建设、推动经济健康有序发展奠定良好的人力资源基础，让所在区域群众拥有更多福祉，确保边境更加稳定与和平，推动澜湄六个国家之间结成深厚友谊，更好地开展澜湄合作，中国和湄公河流域国家开启了职业教育合作。云南民族大学于腾冲、孟连、瑞丽、镇康和勐腊等地建成国际职业教育培训基地 8 个，在卫生知识、法律法规及有关技能方面，对柬埔寨、缅甸等国家到我国就业人员进行培训。在第二次澜湄合作领导人会议上，国务院总理李克强强调，在云南挂牌成立澜湄职业教育基地之后，近万名专业技术人才从中成长起来，为澜湄区域国家发展提供了良好的人力资源。2019 年，中泰双方签署了澜湄合作专项基金职业教育合作协议，贵州大学和泰国清迈大学、皇太后大学等的相关技术工作者合作，推出"贵州山地特色农业技术助推澜湄区域减贫示范计划"，将山地特色农业技术传授给他们，促进所在区域农民学习相关技术，实现脱贫致富的目的。实施"澜湄沿岸国家轨道交通技能人才培训"计划，围绕轨道交通主题，每年举办 2 期、每期 6 天的技能人才培训班，培训对象为澜湄流域国家企业人员、高校师生与轨道交通部门官员与工作者，为这些国家推动轨道交通事业发展培养应用型人才与高级管理人员。这些培训持续提升了相关国家职业教育水平，对区域国家之间实现均衡发展有利，并推动了所在区域社会经济可持续发展，有利于构建繁荣、和平的命运共同体。

（二）农业示范合作减贫模式

城镇化水平是经济发展程度的重要标志，其和国家社会经济发展之间呈正向相关。从统计数据可知，在湄公河流域五个国家中，就人口城市化占比来看，泰国排名首位，占比 43%；其次为越南，占比 35%；然后是老挝，占比 34%；接下来是缅甸，占比 30%；最后一个是柬埔寨，占比 23%。由此来看，澜湄国家面临着农村人口比重高、农村减贫任务重的问题，因此中国在推进澜湄五国减贫合作中应重点解决澜湄五国农村地区贫困问题。

一是推进农业示范村项目。在减贫工作中，我国在技术援助方面，致力于打造示范合作项目，在缅甸、柬埔寨、老挝三国试点，确定各国项目村数量 2 个，项目时间 3 年，内容涵盖了技术援助、生活改善、基础设施建设及能力建设等方面，通过这种方式对所在区域村民生产生活条件予以改善，激发其发展后劲。从公共服务项目与基础设施建设角度看，拿柬埔寨来说，目前建立了村级活动中心，且贫困户厕改项目总体处于竣工状态。此外，老挝完成了村级道路施工与人饮水工程建设，目前正在启动桥梁与学校改造、村级活动中心建设项目；缅甸正在启动村饮水项目等。此外，针对 6 个项目村，我国国际扶贫中心组织的相关工作者，深入各村庄进行项目设计与调查研究，确定产业规划，在技术援助与能力建设方面提供相应的服务，组织受援国有关人员到中国参与开展扶贫项目管理、合作社建设和运营培训等能力建设活动，并多次派专家赴当地开展项目技术指导和支持。

二是开展农业技术推广。早在 2008 年，中国云南省农科院发挥牵头作用，和缅、越、泰、老、柬五国相关研究机构进行战略合作，推动澜湄区域农业科技交流合作组于昆明成立。这些年，合作组遵循共赢、互利与平等原则，推动农业科技的进一步交流，深化多边合作，取得了显著成就。十多年间，该合作组相继围绕农经、甘蔗、陆稻、植保、试验品与马铃薯成立了 6 个工作组，举办理事会议 10 届，来自各个国家的 770 多名农业科学家实现了互访，借助研讨会、培训进行交流，中外专家累计举办学术报告会 500 余次，累计筛选与交换了 543 份与试验有关的作物栽培品种，目前选择培育了与各个国家相适宜的 124 个品种，与当地对照品相比，产量均有所增加。

三是开展替代种植农业发展项目。湄公河流域的缅甸、老挝和泰国之间形成的"金三角地区"是世界上主要的毒品产地，存在着大量依靠种植罂粟谋生的贫困人口。2005 年，"金三角地区"有关各方宣布停止种植罂粟。2006 年，从卫星遥感监测等测量数据可知，就"金三角地区"而言，种植罂粟的面积已降低到约 13 333.4 公顷，是最近 100 年来的最低水平。但是在当地生产力低下且农业基础设施建设不足的情况下，该地区的民众进行农业作物种植的意愿不高，与之伴随而来的就是贫困问题的恶性循环。从《东南亚鸦片调查报告》这一 2014 年由联合国毒品和犯罪问题办公室发布的报告可知，在东南亚地区，老挝与缅甸这两个主要种植鸦片的国家，其种植面积越来越大，总计为 6.38 万公顷。为了解决"金三角地区"贫困问题，中国根据当地土地肥沃、气候温暖湿润的特点，依托澜湄合作机制，在该地区推广替代种植，改变罂粟种植区民众的生产习惯，在利用粮食作物种植方式遏制毒品泛滥的同时，帮助相关国家的贫困人口增加农业收入。

四是开展农业疫情防控合作。疫情防控作为澜湄合作机制框架下的重要组成部分之一，合作组组织各国专家重视农作物保护，在澜湄区域，于草、虫、病等方面围绕水果、蔬菜、水稻与其他经济作物进行了合作调研，掌握了水稻病虫害预警控制、果蔬生产疫情和畜禽疾病防控等情况，提升了澜湄地区农作物疫情综合防控能力，为农作物增产增收提供了重要保障，也促进了多边合作与技术交流，共同提升了科技创新能力，带动了贫困人口减贫。

农业是支撑澜湄区域国家社会经济发展的重要产业，在该合作组越来越完善的基础上，从澜湄流域国家来看，在农业科技合作方面逐步构建了长效机制，在若干年务实合作之后，推动了农业进一步发展，农业可持续发展能力与生产技术进一步得到提升，在环保、消除贫困与粮食安全等方面奠定了良好基础。

（三）产能合作减贫模式

在湄公河流域五国中，柬埔寨、老挝、缅甸和越南四国的工业化程度比较低，其中柬埔寨、老挝和缅甸都是典型的农业国家，工业基础非常薄弱，生产力水平较为低下，基础设施建设落后，尤其是在交通、能源、水电、邮电、通信、金融服务等方面，难以满足经济发展需要。越南虽然已经进入发展中国家行列，国民经济主导行业为加工制造业，但是主要以加工、组装为主，相对应的配套工业也非常薄弱，电力非常匮乏，经常供不应求。泰国属于新兴工业化国家，主要经济部门为制造业、农业和旅游业，其中电子工业和汽车业发展最为迅速，交通基础设施较为完善但效率低下，并且随着其经济的快速发展，电力供需矛盾日益突出。

总体对比来看，一方面，在澜湄六国，从工业化发展角度看，我国发挥着引领作用，高铁、建筑、机械，均处于全球先进水平，刚好与澜湄区域国家吸引国外资本、先进技术和丰富管理经验，建立完善的现代化工业体系的需求相契合；另一方面，中国在经济方面有比较优势。在 2016 年召开的第一次澜湄合作领导人会议上，我国领导人郑重宣布，将成立专项合作基金，在接下来的五年中，为推动六个国家中小型合作项目建设提供 3 亿美元支持。从 2018 年的数据看，第一批 132 个合作项目有序推进，启动了 30 多个工业化与基础设施项目，有力地推动了湄公河流域国家社会经济进一步发展。与此同时，在产能与基础设施建设合作项目上，我国还提供了信用贷款 100 亿美元，以及优惠贷款 100 亿元人民币。通过与澜湄区域国家广泛开展产能合作，释放优质富余产能，不仅能增强以新产业、新业态、新模式为核心的新动能，高效推动我国经济平稳增长和经济结构转型升级，而且能促进澜湄国家建设完善的产业体系和提升澜湄国家的工业化发展水平，达到双方之间的产能合作互补目的。由《2018 年可持续发展目标指数和指示板报告》可知，就澜湄国家而言，其排名表现出总体持续递增态势：从 2016 年、2018 年来看，中国在全世界的排名分别在第 76 位和第 54 位，越南分别为第 88 位与第 56 位，泰国分别为第 61 位和第 59 位，柬埔寨分别为第 119 位和第 109 位，缅甸分别为第 117 位和第 113 位。

就合作规模来看，在澜湄国家领导人第一次会议上，为了支持澜湄国家开展基础设施建设和产能合作，李克强总理提出设立信用贷款 100 亿美元（涵盖产能专项合作、优惠出口买方信贷各 50 亿美元）及优惠贷款 100 亿元人民币。越、泰、缅、柬四国与我国的贸易规模均排名首位，老挝与我国的贸易规模排名第二位。从 2017 年的初步统计数据可知，我国与上述五个国家贸易规模为 2 200 亿美元，与 2016 年相比上升了 16%。我国对这些国家投资额度在 420 亿美元以上，其中 2017 年投资增长率超过 20%。第一次领导人会议召开之后，我国和上述五个国家之间新增了 330 余条航线，2017 年实现 3 000 多万人次往来。① 我国是缅甸、老挝和柬埔寨的第一投资国。商务部统计数据显示，2015 年，我国对东盟投资突破 100 亿美元，达 146.04 亿美元，其中对澜湄五国总投资 22.36 亿美元，在 2015 年投资东盟国家总规模中占比在 15%~31%。根据 2017 年的数据，从中国对外直接投资的地区与国家来看，排名前 20 中有 4 个是澜湄国家：我国 2017 年对柬埔寨投资 7.4 亿美元，对越南投资 7.6 亿美元，对老挝投资 12.2 亿美元，对泰国投资 10.6 亿美元。

从示范项目与合作领域来看，截至 2017 年底，我国与澜湄五国在能源、交通基础设施、矿产、制造业、农业、通信和建材领域已经开展广泛合作。《中国贸易外经统计年鉴（2017）》发布的中国对外承包工程统计数据显示：2017 年，从柬埔寨看，我国公司累计新签合同规模达到 33 亿美元，同比上升

---

① 中华人民共和国中央政府网. 李克强在澜沧江—湄公河合作第二次领导人会议上的讲话 [EB/OL]. [2020-02-20]. http://www.gov.cn/guowuyuan/2018-01/11/content_ 5255425.htm.

54.7%；营业收入 17.6 亿美元，同比下降 6.5%。从越南看，我国公司累计新签合同规模为 61 亿美元，同比上升 60.9%；营业收入为 28.8 亿美元，同比下降 13.4%。我国企业在越南的主要合作领域是工业建设、电力工程建设与一般建筑。从老挝看，中国公司累计新签合同规模达到 52.1 亿美元，同比下降 22.4%；营业收入 42.3 亿美元，同比上升 43.5%。我国企业在老挝的合作重点在交通运输与电力工程建设方面。其中，前者增长明显，新签合同规模为 23.7 亿美元。我国企业在老挝积极开展水电站、矿产等投资开发项目，如中国电力投资建设的南欧江流域梯级水电项目、北方国际投资建设的南湃水电站已经建成发电。从泰国看，中国公司累计新签合同规模达到 37.3 亿美元，同比下降 3.1%；营业收入 33.8 亿美元，同比上升 15.3%。我国与泰国重点在一般建筑、电力工程、通信工程与工业建设等领域进行合作。从缅甸看，中国公司累计新签合同规模达到 19.9 亿美元，同比下降 29.2%；营业收入 16.1 亿美元，同比下降 15.8%。我国与缅甸重点在电力工程建设、通信工程建设及一般建筑领域进行合作。

当前澜湄国家产能合作项目众多，其中基础设施示范项目为中老铁路项目、中泰铁路项目等；能源合作示范项目为越南海阳燃煤电厂项目、中老南欧江流域梯级水电项目和南湃水电站项目等；制造业示范项目为中柬柏威夏糖厂项目、中缅水泥厂项目等；农业合作示范项目为中柬生态农业综合开发项目、中缅农业合作项目等。我国建设的中缅天然气、原油管道等项目，让缅甸输出油气资源变得不再困难重重；中泰、中老铁路为区域互联互通创造了有利条件；我国投资建设的永新燃煤电厂这一规模最大的越南项目，为推动澜湄区域可持续发展奠定了良好基础。

目前澜湄国家国际产能合作载体，大部分是跨境及境外经济合作区。从 2019 年第一季度的数据看，已通过商务部考核确认的澜湄国家境外经贸合作区共有 5 个，分别为：老挝万象赛色塔综合开发区、泰中罗勇工业园区、越南龙江工业园、柬埔寨西哈努克港经济特区和缅甸皎漂特区。我国与澜湄五国建成的跨境经济合作区共有 6 个：位于我国磨憨的老挝磨丁跨境经济合作区、位于我国龙邦的越南茶岭跨境经济合作区、位于我国凭祥的越南同登跨境经济合作区、位于我国瑞丽的缅甸木姐跨境经济合作区、位于我国河口的越南老街跨境经济合作区、位于我国东兴的越南芒街跨境经济合作区。

现阶段，从澜湄国家来看，国际产能合作的主要模式主要有：一是两个国家政府提供支持，同时采取成立合资公司的方式进行开发，其中老挝万象赛色塔综合开发区便是其中的代表；二是由政府提供支持、公司发挥主导作用的模式，其中典型代表有泰中罗勇工业园区；三是政府发挥主导作用，统筹协调推进的模式，其中典型代表有中国与澜湄五国建成的 6 个跨境经济合作区；四是政府主导，企业市场化推动，如柬埔寨西哈努克港经济特区；五是政府主导，跨国企业集团联合推进，如缅甸皎漂特区；六是企业自主投资开发，如越南龙江工业园。

（四）林业合作减贫模式

澜湄流域森林资源丰富，其中，柬埔寨的森林面积为 932.96 万公顷，约占国土面积的 50%，从《森林资源评估 2015》等披露的数据可知，人均森林面积为 0.592 公顷；缅甸森林覆盖率 49.2%，面积达到 2 849.46 万公顷，人均森林面积为 0.539 公顷，这得益于缅甸政府从 19 世纪 80 年代开始大规模造林政策的实施；老挝拥有 1 895 万公顷林地面积，在其国土面积中占比近七成，人均森林面积是 2.804 公顷，在澜湄六个国家中，其拥有最多的人均森林资源；泰国森林面积为 1 642.56 万公顷，森林覆盖率为 31.58%；越南在经历 50 年森林资源锐减后，特别重视森林资源增长实施方案落实，分别通过了《可持续森林发展项目》《绿化荒山项目（1995—1998 年）》《森林保护和发展项目（2010—2020 年）》《五百万公顷造林项目（1998—2010 年）》等，2017 年的森林资源数量达 1 440 万公顷，森林覆盖率为 41.4%。

澜湄国家森林资源丰富，但贫困发生率高和贫困程度较深往往集中在森林资源丰富的山区，林区贫困问题十分严峻。柬埔寨林业面临的主要问题是森林退化严重、木材加工技术落后、林产品市场销售能力缺失。缅甸林业面临着不同主管部门之间缺乏协调机制，缺少激励机制，缺乏资金和技术，缺乏政治意愿支持等难题。如何有效地保护和利用森林资源，促进森林生态恢复并提升社区居民的生活水平，发挥贫困山区森林资源与林业发展在减贫过程中的作用，是澜湄流域林农生活水平提升和减少贫困人口的关键。

中国一直致力于扶贫工作，并已经在林区减贫方面取得了成功经验。中国云南省贫困发生率从 2014 年的 10.29% 下降为 0.65%。中国是澜湄六国中人均森林覆盖率最低的国家，仅为 0.152 公顷。以中国云南为例，云南是中国森林资源最丰富的省份，人均森林覆盖率达 0.401 公顷。在中国推行精准扶贫工作以来，云南省根据自己的实际情况，通过 4 种方式，推行政府主导的减贫措施：一是林业重点生态工程。详细而言，该工程涵盖了农村能源建设、防护林体系建设、天然林保护和自然保护区建设等工程。政府投入大量资金完成森林管护任务、退耕还林任务、封山育林和人工造林等，实现农户增收，推进减贫速度。二是易地扶贫搬迁工程。把贫困人口从高山生态恶劣地区向其他区域搬迁，对安置区域的生活生产条件予以改善，拓展收入增长方式，对经济结构进行调整，让搬迁者拥有更高的发展与生存平台，进而实现脱贫致富的目的。截至 2020 年 5 月底，中国云南省有 150 万人通过异地扶贫搬迁实现了"挪穷窝""斩穷根"。三是增加林区就业岗位。通过建立重点森工企业职工与聘用当地农民生态护林员相结合的全生态护林体制，一方面吸引林区农民参与国有林和集体林的管护，提高全员营林和护林积极性；另一方面为林区农民增加就业岗位，再通过相应培训提升其自我脱贫能力，增加后续产业的培植，加快林区经济发展。这是林区最有效、最直接的扶贫减贫方式。四是加大对林业的科技扶持。通过技术扶持，提高林地的生产力，这是林区十分重要的脱贫措施。科技扶贫可理解为在选择适用科技的基础上，对贫困区域处于封闭状态的小农经济模式进行改革，促进农民科学文化素质的进一步提升，进而更加高效地进行劳动与资源开发，推动商品经济可持续发展，让农民更好地实现脱贫致富的目的。从云南省看，为进一步做好木本油料、林下经济发展工作，科技扶贫提供了技术支持人员免费下乡进行技术培训和指导，指导田间管理和病虫害防治工作。

中国云南省在利用森林资源促进农户生活水平提升和减贫、脱贫方面积累了成功的经验，也通过澜湄协议机制进行了分享。在运用澜湄合作专项基金的基础上，对缅、越、柬、老、泰等国家，我国林业干部学院围绕社区林业减贫主题多次进行调查研究，对澜湄国家农村社区、林区贫困情况进行全面收集与分析，采取培训研讨、专家咨询等一系列方式，总结了澜湄流域各国或地区的林业减贫需求：竹藤是柬埔寨和缅甸的首选项目，两国均需要技术支持；老挝北部和泰国东北部贫困林区需要的是发展生态旅游项目以促进该地区的减贫；人工林项目是越南北部林农减贫的优先选择项目。由此看来，澜湄流域国家和地区的林区减贫最需要的是技术支持、能力建设和技能培训。根据我国林区减贫方面的有益做法，围绕减贫目标，我国针对澜湄国家制定了林业社区创新实施方案与发展模式。

二、中国与澜湄国家减贫合作的方式

（一）减贫合作原则

从澜湄合作机制看，减贫合作是其五个优先合作领域之一，无论是对澜湄整体还是六个成员国都具有非常积极的实践意义。澜湄合作能得以顺利开展在于与中国发展周边外交关系的理念相同。换言之，坚决贯彻落实习近平总书记提出的，在周边国家关系深化过程中，遵循"与邻为善、以邻为伴"外交政策及"亲、诚、惠、容"原则，把湄公河流域五个国家与中国的共同利益有机结合起来，共同打造"澜湄命运共同体"。

基于澜湄合作理念，从湄公河流域国家来看，在减贫合作方面，西方国家与其合作跟我国与其合作的差异较大。韩国、日本与美国等，一方面将"法治、民主"等政治条件作为附加内容；另一方面采取发达国家在环境保护方面的标准，对其他援助国家的减贫项目进行压制和影响。从发展援助合作角度看，一直以来，我国均未将政治条件作为附加因素，亦没有在其他方面施加压力，一方面将"和平共处五项原则"即"平等互利、和平共处、相互尊重领土和主权完整、互不侵犯、互不干涉内政"原则充分体现出来，另一方面还能有效打消湄公河流域五国的顾虑，使得澜湄减贫合作的效能最大限度地发挥，对缩小地区发展差距、推进地区一体化进程发挥更大作用。截至目前，澜湄成员国就减贫已经共同制订了一系列的计划。对于东盟国家而言，一直以来，我国均是非常重要的外界支持力量，在制定战略及设计项目过程中，结合湄公河流域国家的需求，尊重其实际，这是不可违背的前提条件。

（二）减贫合作主体

在澜湄国家逐步深化合作的基础上，合作范围越来越大，且从合作对象看，一方面包括非官方主体，如部分非政府组织等；另一方面，包括政府等官方主体。总体而言，在澜湄减贫合作中，从我国来看，政府发挥着主导作用，民间非政府组织与企业发挥着辅助作用，全方位对减贫工作提供支持。

1. 政府是澜湄减贫合作主体

在减贫合作方面，选择政府发挥主导作用的合作模式，与其他主体合作进行对比，优势十分明显，例如技术与资金等实力较强，能更好地统筹减贫资源等。从澜湄减贫合作来看，采取签订协议的方式，在资金方面提供支持，然后采取援助及双边平等协作等措施抓好项目的落实。澜湄国家共同签署的系列合作方案、搭建的各种合作平台，都是以政府为主导达成的结果。此外，每年召开一次的澜湄外长会议也是政府主导的，至 2020 年已经举办了五次。中国政府还在 2016 年召开的首次澜湄国家领导人会议上提出，在接下来的五年中，为推动澜湄六国中小型合作项目建设，给予 3 亿美元的经费支持，并逐步落地实施。2017 年，外交部部长王毅就"中国的外交政策和对外关系"答记者问时表示，中国愿深化与澜湄国家之间的合作，推动前期明确的 45 个项目的建设，开启澜湄合作专项基金申报工作。在申报之后，澜湄合作遵循"项目为本"的基本原则。2019 年，老挝在启动了 13 个第一批基金项目之后，我国再次批准了其 21 个由七部委申报项目，此为中老合作持续深化取得的成果。专项基金泰国外交部项目"澜湄合作国家协调员能力建设"签约落地。2020 年，在全球新型冠状病毒疫情爆发的情况下，中国严格履行承诺，正式启动专项基金缅甸合作项目。按协议内容，我国将专项合作基金 670 多万美元提供给缅甸，帮助推动其 22 个涉及信息技术、农业及教育等方面惠民项目的发展。在澜湄减贫合作中，我国政府发挥着主导作用。政府发挥主导作用不但能够为合作国家提供帮助，让其结合本国国情出台实施减贫计划，构建减贫政策体系，而且能够为合作伙伴提供帮助，为其围绕贫困评估、监测加强能力建设，从而让合作伙伴客观地、科学地开展减贫工作。

2. 企业在减贫合作中发挥社会责任

从发展角度看，就大多数澜湄国家而言，之所以会出现贫困问题，大多和其教育、科学技术与基础设施落后等有关。经过我国政府进行引导，对澜湄国家投资时，我国公司大多将教育、科学技术与基础设施作为主要投资方向。从基础设施建设角度看，我国主张成立的亚洲基础设施投资银行能够发挥十分巨大的作用。2017 年，全球经济论坛东盟峰会于柬埔寨金边举行。会上，亚洲基础设施投资银行行长金立群指出，从东盟十个国家互联互通角度看，基础设施建设是非常重要的，对此，亚洲基础设施投资银行将在技术与金融方面给予支持。笔者从泰国《民族报》了解到，我国电子商务龙头企业阿里巴巴集团也将对该国投资，规划打造区域性物流系统与电子商务中心，为越、缅、老、柬四个国家的市场服务。阿里巴巴的上述措施，将在减贫、增税及提供就业等方面，为以上四国的发展做出积极贡献。

3. 非政府组织扶贫项目是重要补充

现阶段，从澜湄减贫合作方面看，不管是中国人民友好协会，还是中国国际扶贫中心，或是中国和平发展基金会等非政府组织，均发挥着非常重要的作用，在推动双边减贫工作发展方面贡献巨大。这些非政府组织能够在惠民、贴近民众等方面产生巨大影响。以中国扶贫基金会为例，其在缅甸实施的助学项目，以及在柬埔寨实施的乡村减贫合作示范项目等，都给所在区域民众带来了实惠，为所在区域减贫工作发展增添了后劲。再以中国和平发展基金会为例，2018 年 2 月，其援建的柬埔寨索安东洛中学"丝路之友"教学楼项目以及茶胶省基里隆县水利项目均实现了有序交接，对所在区域基础设施进行了改善，让柬埔寨的广大民众得到了实惠。

三、中国与澜湄国家减贫合作典型项目

（一）澜湄合作早期收获项目："东亚减贫示范合作技术援助项目"

2014 年 11 月 13 日，李克强总理在出席第十七次东盟与中、日、韩"10+3"领导人会议时表示，缩小差距、减少贫困、改善民生是亚洲地区国家面临的首要任务，中方提议实施"东亚减贫合作倡议"，表示中方愿设立 1 亿美元的东亚减贫合作专项基金，开展乡村减贫推进计划，建设东亚减贫合作示范点。

为落实倡议，中国国际扶贫中心组织设计并推动"东亚减贫示范合作技术援助项目"，选择柬埔寨、老挝、缅甸 3 个国家试点，用 3 年时间在每个国家的 2 个项目村共计 6 个村实施。

2015 年 7—8 月，中国国际扶贫中心牵头开展项目可行性研究，在外方的密切配合下，调研组与外方各级相关部门和机构进行了充分的讨论，采用参与式方式收集村民意见。2017 年 7 月 30 日，柬埔寨项目启动；2017 年 9 月 30 日，老挝项目启动；2018 年 1 月 23 日，缅甸项目启动。中方项目实施单位主要包括四川扶贫开发局项目中心、广西外资扶贫项目管理中心和云南省国际扶贫与发展中心，受援国项目实施单位主要包括柬埔寨农村发展部农业经济司、老挝农林部农村发展与合作司和缅甸农牧灌溉部农村发展司。

项目内容主要涵盖村内道路、桥梁、供水、供电、住房改造和防洪堤等在内的基础设施建设，学校、卫生室和村民活动中心在内的公共服务设施建设，发展种植业、养殖业、小型加工厂、手工艺、庭院经济、劳务输出等在内的生活条件改善，开展管理人员及村民培训、考查、专家咨询、监测评价等在内的能力建设及技术援助等。

国家国际发展合作署高度评价了项目成效。2019 年 9 月 25 日，国家国际发展合作署指出，项目是"短平快""小而美"的民生类援外项目的一个样板，已将其作为优秀案例向外推介。柬埔寨、老挝和缅甸政府对于项目的成功也非常赞赏。柬埔寨认为该项目极大地促进了当地农村发展和农村社区减贫，请求中方继续支持该项目实施并扩大范围。老挝认为需要对试点村成功经验进行总结，并将其纳入老挝减贫战略中，推广到更多地区。缅甸认为该项目体现了缅甸"以民为本，实现包容与可持续发展"的国家经济政策，是缅甸当前急需的发展项目，希望进一步扩大项目规模和实施新项目。另外，在 2019 年，这个项目在缅甸举办的东盟农村发展与减贫部长级会议实施考查中，也得到了东盟十国与会代表的好评。

新华社、《人民日报》、中国国际电视台、中央电视台、柬埔寨国家电视台、老挝国家电视台和缅甸国家电视台等多家中外媒体对项目进行了采访报道和跟踪拍摄。中国国际电视台制作的项目纪录片《充满希望的村庄》在中国国际频道多次播出，提升了中国减贫国际合作的影响力。

（二）澜湄减贫合作能力提升项目

该项目主要由中国国务院扶贫办负责牵头，成立了澜湄合作减贫工作组，并组织实施减贫试点项目，开展了东盟减贫论坛、减贫研修班、东盟"村官"交流项目等多种形式的澜湄减贫合作活动。

澜湄减贫合作能力提升项目是其中一个旨在提升澜湄国家减贫高级人才能力的项目。2019 年 9 月，该项目的研修班是首个在华举办的澜湄减贫合作能力提升项目，为期 3 周，共有来自柬埔寨、老挝、缅甸、泰国的 27 名学员参加。研修班邀请国内减贫领域官员、专家学者以及社会组织和企业代表就中国改革开放以来的扶贫开发历程、精准扶贫战略、产业扶贫、教育扶贫、电商扶贫、社会组织扶贫等内容进行专题讲座与研讨，并组织学员赴贵州省实地考察，观摩、体验驻村工作队如何在贫困村开展工作，深度体验中国减贫治理体系的效果。

（三）东盟"村官"交流项目

东盟"村官"交流项目是在东盟"10+3"合作机制框架下的减贫交流项目，旨在交流学习东盟各国与中、日、韩三国在减贫领域的先进经验与发展模式，进而研讨基层"村官"在减贫领域发挥的作用。在实施过程当中，项目一般分为会议研讨和参与式调研两个部分。会议研讨的内容主要是各国在减贫开发过程中的发展现状、发展困境以及发展方向，通过经验介绍、案例交流以及分析讨论的形式探讨基层"村官"在专项扶贫开发、农业经营、教育、卫生、生态、就业和社会保障等多个领域内的作用，从微观的角度出发，把握时下区域减贫的发展趋势。而调研部分则通过实地考察具有借鉴意义的项目村，直观地了解项目村的发展状况与发展模式，进而分析其在减贫过程中的发展逻辑，从产业发展、社区建设等多个角度出发总结减贫经验，并以此为基础，结合各国在减贫过程中遇到的问题，引发对解决贫困问题的思考。

到 2019 年，东盟"村官"交流项目已举办了八届。2019 年 5 月，该项目在中国云南的景洪市举办，主题为"东南亚国家的贫困与乡村转型"，日程包括研讨与实地考察、驻村活动、文化体验等，参会人员包括东盟和中、日、韩减贫领域中央和地方基层官员代表，东盟秘书处和中国—东盟中心、亚洲开发银行等机构代表，约 88 人。随着东盟"村官"交流项目进一步朝精准化、专业化等方面发展，该项目会在很大程度上推动东盟地区的"村官"能力建设，进而推动其区域贫困治理能力的提升，并在未来东盟地区减贫领域的合作中发挥更大的作用。

第十三章 中国与澜湄国家
减贫合作的机制与成效

一、国际减贫机制与效应的理论分析

（一）贫困变动相关理论

1. 涓滴效应理论

涓滴效应（Trickle-down effect），有时也被称为"渗漏理论""利益均沾论"。从发展经济学领域来看，可理解为政府以大企业作为主要扶持对象，培养龙头企业，带动小企业的进步；在经济中解释为先富带动后富，不对贫困、弱势群体给予资源倾斜，而是由富有群体或地区基于自身的高水平发展衍生出带动贫困地区及群体发展的途径，最终达到促进经济发展的目的。涓滴效应体现在两个方面：一是涓滴效应并非政府宏观调控行为，更不是政府对贫困阶层、弱势群体或贫困地区的转移支付；二是涓滴效应是客观存在且自发运行的一种市场经济规律。在涓滴效应影响下，经济增长具有自动减贫的效果。

2. 循环累积因果理论

1957 年，著名经济学者缪尔达尔提出循环累积因果理论，学者卡尔多、迪克逊等人以该理论为基础构建了理论模型。缪尔达尔等人提出，社会经济在动态变化期间，社会各因素处于循环积累过程，存在因果关联。当某种社会因素发生变化时，另一社会因素会发生相应的变化，而前一变化因素在这一过程中会再次受到影响而改变，这一系列过程会促进社会经济以最初因素变化方向为发展标准，进而形成因果循环的动态发展过程。缪尔达尔提出，发展中国家始终处于贫困状态是资本形成不足及收入分配不均所致。他认为贫困的主要原因在于收入水平不高，进而难以提升生活水平、医疗水平、教育水平等。在这种环境下人口质量及劳动力素质会处于较低水平，限制生产力的发展，进而难以获得高收入，从而处于贫困状态。因此，通过外资投入促进贫困国家资本形成，加上其自身的能力提高与良好治理环境，将克服贫困循环这一现象。

3. 益贫性增长理论

20世纪90年代中期，马丁·拉瓦里对贫困、经济增长与收入不平等的关系问题进行了系统研究和总结，首次提出"益贫性增长理论"。该理论认为，益贫性增长能够使参与经济活动的贫困群体比富人分享到更多好处。也就是说，在经济活动中，贫困群体的收入增长率会比非贫困群体的收入增长率高很多。实现益贫性增长的关键点，是在经济持续高增长的前提下，形成一种能够使贫困人口参与经济活动并能从中增加资本的良性循环机制。

（二）投资与援助影响东道国经济增长的相关理论

1. 新古典经济理论

20世纪50年代，索洛提出了完全竞争均衡条件下的"新古典增长理论"。他将劳动力和技术增长视为经济增长的外生变量，国外投资及援助将会增加东道国的资本存量，但国外投资对东道国资本积累的经济增长效应有限且非长期的，持续的经济增长来源于劳动力质量提高、知识和技术的提升。因此，技术型投资才更有效，通过外生技术的刺激而起到促进发展的作用。

2. 新经济增长理论

20世纪前期，Romer等人以新古典增长理论为依据，在此基础上提出新经济增长理论，证明技术发展是带动经济发展的根本原因，所以应对技术进行内生化处理，重视知识累积与提升。新经济增长理论模型的函数涉及资本、技术进步、劳动和人力资本等因素，该函数属于生产函数范畴。该理论的核心为投资属于资本累积行为，其会与知识积累之间形成良性循环，为经济的发展提供动力，体现了技术内生性的重要性。该理论还提出了在经济发展中知识外衣与"边干边学"的重要意义。发展中国家应重视与发达国家进行技术交流与沟通，提升自身知识、技术、人力资本水平和质量。中国对澜湄区域国家投资，也是国际技术扩散的一种范式，不仅可以解决澜湄区域国家资本短缺的问题，还可以通过对澜湄区域国家企业的技术扩散或者外溢效应而对经济增长产生影响。

3. 有效需求理论

有效需求理论由学者凯恩斯提出，他认为经济发展的诉求可采取扩张性经济决策来实现，因为需要有足够的需求来保证稳定就业，消费和投资需求共同构成总需求，总需求决定总就业。由此可知，消费需求属于固定值，可通过增加投资需求达到增加就业的目的。基于需求角度来探讨，澜湄区域国家经济增长受到投资的影响，进而经济增长受总需求决定，消费、投资、出口是总需求的核心构成部分。

4. 技术溢出效应

20 世纪中后期，学者麦克杜格尔提出技术溢出效应学说。他提出，外商投资特征可通过技术溢出效应表现出来。1994 年，科克在该理论基础上展开更深入的研究，认为技术溢出效应主要有四种表现形式：第一种是传染效应。在技术水平与管理经验上，跨国公司都具有较强的优势，东道国企业可效仿与学习跨国公司的技术与管理，将先进的技术与管理经验在东道国转移和扩散，进而起到促进本国发展的作用。第二种是竞争效应。东道国市场会因跨国企业进入而增加本土企业的压力，本土企业必将采取有效措施提升自身竞争实力。第三种是人员培训效应。跨国企业进入东道国后，基于公司快速进入轨道的发展需求，会向员工提供培训。这部分经过培训的员工离职后会进入其他企业或自主创业，他们在跨国企业中学到的技术与知识就会得到转移和扩散。第四种是行业溢出效应。跨国企业进入东道国后会产生前后向联系，参与原有的产业供应链，东道国上游或下游企业会受到跨国公司的技术支持，进而对本土企业起到促进作用；后向联系则为上游企业在技术、管理、人员培训、信息等方面会受到跨国企业的支持，进而形成扩展发展趋势；前向联系可解释为下游企业会基于供应链整体提升需求，在产品、设备、服务等方面进行质量提升。

5. "大推进"理论

20 世纪中后期，学者罗森斯坦·罗丹提出"大推进"理论。他指出，资本形成是经济增长和发展的中心力量，要有效促进资本形成和经济的增长，需要有足够的投资和建设规模，特别是重视基础设施建设投资。根据罗丹的"大推进"理论，大规模的投资是一个国家摆脱贫困落后的必由之路之一。而一个国家所需的"大推进"的资本单单依靠本国投资是远远不足的，还需要大量引进国际投资。

二、中国与澜湄国家减贫合作的机制

（一）直接作用机制

中国对澜湄区域国家的援助及投资对贫困变化最直接的作用机制体现为通过改变就业量以及工资水平进而改变其人均国内生产总值，从而减少贫困。

具体来看，对就业量的影响体现在三个方面。一是就业转移效应。中国对澜湄区域国家的企业，通过合资、并购等方式，使其劳动力转移到投资国企业中。澜湄区域国家的企业在吸引投资国企业合资或者并购后，成功引进资本或者技术，以维持或扩大经营，从而保持或增加就业岗位，特别是能够帮助濒临破产的企业重新走上正轨，一定程度上给澜湄区域国家的劳动力提供了保护，是正向影响。二是就业带动效应。中国投资流入澜湄区域国家，这将会直接扩大东道国劳动力市场需求，改变了澜湄区域国家的生产活动，创造了就业机会。另外，中国对澜湄区域国家投资还会带来溢出效应和关联效应，对澜湄区域国家国内产业结构、产业链上下游企业、技术水平等都产生了影响，促进其他领域或者企业发展，从而产生更多的就业岗位，对就业也是正向影响。三是就业替代效应。澜湄区域国家市场竞争会在一定程度上因为中国企业投资的流入而愈发激烈，会导致其国内一些企业为了提高效率而裁员甚至倒闭，带来了就业人员失业；外资先进技术和资本对劳动力的替代，也会使得就业岗位减少，出现负面影响。这就要求在投资过程中平衡好正负效应。

对工资水平的影响体现为工资溢出效应。中国投资可能会导致澜湄区域国家的企业出现工资溢出效应。外资企业所给予的薪酬待遇一般超过当地市场的平均水平，这具有相当大的吸引力，导致其内资企业劳动力向外资企业转移，提升了澜湄区域国家国内企业员工的工资水平，进而提高了劳动者收入水平，改善了其生活状况。

（二）间接作用机制

间接作用机制主要有两个。一是外商投资拉动东道国经济增长，从而引致间接的减贫效应。对东道国经济增长的影响主要是通过技术溢出和资本形成两种方式实现的。二是建设和完善基础设施，进而增强对资本的吸引力，同时，基础设施的建设能够促进产业的整体发展，劳动者的收入也会因此而得到提高。

技术外溢效应可理解为跨国企业在进入东道国后会与本土企业形成关联，在非自愿的情况下，跨国投资企业的技术与管理经验也会向本土企业转移，东道国企业在技术水平与管理质量上均会得到提升，进而成为促进东道国经济发展的重要推力。但是跨国投资企业在这期间并未得到技术转移补偿，可将其理解为正经济外部性的典型特征。技术外溢实现渠道分为两种，第一种为行业内溢出，例如人员培训效应、示范效应等。第二种为行业间溢出，具体包括前后关联效应。中国企业对澜湄区域国家投资会增加其资本存量，进而对东道国资本起到积累作用，形成"挤入"效应。其中，"挤入"效应可解释为东道国资本投资与国外企业投资之间形成互补作用，进而会增加东道国的资本积累规模，形成资本规模效应。

在中国经济发展中，投资以基础设施建设为主，东道国会因这种投资特性而受到发展刺激，这是东道国扶贫的有效措施。中国所施行的基础设施建设投资是可以起到减贫效果的主要手段，对东道国的投资提升当地总就业需求，为大量人口提供收入保障，进而促进经济的稳定和谐发展。对基础设施建设投资，可以带来大量新的投资机会，并且健全完善的基础设施可促进生产规模的提升，进而提高收入水平。诸多学者通过研究得出结论：一般情况下，基础设施水平越高，对投资具有越强的吸引力，能够更好地满足减贫需求。基础设施对减贫的辐射机制主要表现为其能提供生活保障、拓展创业契机、降低成本等。基础设施涉及诸多层面与领域，其建设与维护都是复杂且庞大的工程，这为当地提供了大量就业岗位，满足了当地人的就业需求。而且，在基础设施建设过程中，劳动力还会得到技术与知识的提升，为其日后就业提供技能基础，提升劳动力质量也是减贫的重要手段。降低成本主要体现在两个方面，第一方面是居民生活成本降低，如交通成本、时间成本、体力成本等；第二方面是促进行业发展水平与增加投资机遇，基础设施的完善为各行业的发展提供助力，推进规模化与产业化发展。生产力会因基础设施建设而得到提升，人们的收入也会因此而得到提高，地区经济发展差距因此而缩小。网络效应主要体现在完善基础设施建设可以将各区域有效地关联在一起，加强地域之间的关联，缓解地理距离对经济发展的不利影响，通过地域整合实现整体发展。辐射效应体现在建设基础设施会增强的当地医疗水平、自然灾害应对能力等，提高当地居民生活质量，减少不必要的损失。

三、中国与澜湄国家减贫合作的成效

（一）中国对澜湄国家的直接投资效应

1. 中国对澜湄国家的投资存量与流量

从表 13-1 可以看出，2014 年以来，柬埔寨、老挝、缅甸、泰国、越南吸引的 FDI（外国直接投资）金额逐年上升，其中缅甸年均增长率最快，达到66.16%。中国对澜湄区域国家的投资总规模呈现出不断扩大的趋势。

表 13-1　2014—2018 年澜湄区域国家吸引 FDI 与中国对澜湄区域国家投资情况表

年份	柬埔寨吸引FDI	中国对柬埔寨直接投资		老挝吸引FDI	中国对老挝直接投资		缅甸吸引FDI	中国对缅甸直接投资		泰国吸引FDI	中国对泰国直接投资		越南吸引FDI	中国对越南直接投资	
		存量	流量		存量	流量		存量	流量		存量	流量		存量	流量
2014	1 853.5	0.32	0.04	720.8	0.45	0.10	946.2	0.39	0.03	4 809.1	0.31	0.08	9 200.0	0.29	0.03
2015	1 822.8	0.37	0.04	1 118.7	0.48	0.05	2 824.0	0.43	0.03	5 623.8	0.34	0.04	11 800.0	0.34	0.06
2016	2 475.9	0.44	0.06	997.4	0.55	0.03	2 989.0	0.46	0.03	2 068.3	0.45	0.11	12 600.0	0.50	0.13
2017	2 788.1	0.54	0.07	813.0	0.67	0.12	4 341.0	0.55	0.04	7 635.2	0.54	0.11	14 100.0	0.50	0.08
2018	3 102.6	0.60	0.08	—	0.83	0.12	—	0.47	-0.02	13 248.5	0.59	0.07	—	0.56	0.12

数据来源：根据国家商务部和国家统计局公开数据和世界贸易组织统计数据整理。https：//www.wto.org/english/res_ e/statis_ e/statis_ e. htm.

近年来，尽管越南、柬埔寨、老挝、泰国、缅甸吸引的外资获得了快速增长，然而，在当年全球吸引外资总额中，就上述五个国家而言，不管是存量还是流量，所占比例都不大。在对湄公河国家直接投资方面，我国虽然呈现出持续增长的态势，然而不管是存量还是流量，均不是很高，在我国对外直投中所占比例亦不高，还不足以对澜湄区域国家减贫产生显著的影响。

2. 中国对澜湄区域国家投资的企业数量及行业分布状况

从表13-2和图13-1可知，我国对泰、缅、柬、越、老五个国家的投资，有着下述共同之处：对第一产业投资的公司并不多，大多对第二、三产业投资。其中，对第三产业投资的公司数量排名居于首位，所占比例为49.28%，占中国对澜湄区域国家投资企业总数的近50%；投资第二产业的企业数量，共有1 103家，占中国对澜湄区域国家投资企业总数的45.34%；投资第一产业的数量最少，共有131家，在我国投资总额中，所占比例为5.38%。

表 13-2　中国对澜湄区域国家投资企业数量表　　单位：家

	第一产业	第二产业	第三产业	总计
柬埔寨	50	219	223	492
老挝	43	150	124	317
缅甸	13	145	205	363
越南	6	272	256	534
泰国	19	317	391	727
小计	131	1 103	1 199	2 433

数据来源：根据中国商务部对外经济合作司公布的《境外投资企业机构名录》整理，数据截至2019年7月底。

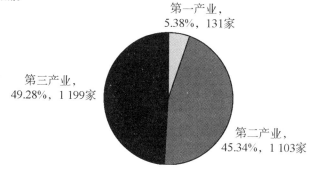

图 13-1　2019 年中国对澜湄国家三次产业投资企业数量及占比

数据来源：根据中国商务部对外经济合作司公布的《境外投资企业机构名录》整理，数据截至 2019 年 7 月底。

（二）澜湄国家贫困变化情况

1. 澜湄国家总体贫困发生率降低

贫困发生率是低于一个国家贫困线的人口占该国全部人口的比例。自
2014年以来，澜湄区域国家贫困发生率呈现出整体下降趋势，如图13-2所
示。值得一提的是，泰国贫困发生率呈现缓慢增长的趋势。从2000年至今，
在东盟地区中，泰国是唯一的贫困发生率没有下降反而上升的国家。根据世界
银行报告分析，其主要原因是近年来泰国经济不稳定及面临的环境挑战比较严
峻，另外，持续干旱也对原本就在贫困线上挣扎的农民造成了极大影响。世界
银行驻泰国经理汉斯尔指出，虽然泰国经济获得了较好发展，不过从其家庭来
看，依旧会受到经济疲弱因素的严重影响。若要发展成高收入国家，泰国一定
要对其家庭进行充分保护，防止其由于自然灾害、失业或者健康状况不佳等因
素而减少收入。与此同时，还要提供高收入工作及创造产能，这也是非常重
要的。

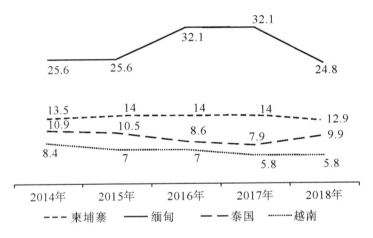

图13-2　澜湄区域国家贫困发生率变化（单位:%）

说明：老挝数据连续多年未更新，贫困发生率统计值一直为23.2。

数据来源：根据亚洲开发银行统计数据整理 http://www.adb.org/
publications/series/basic—statistics

2. 澜湄区域国家贫困人口收入明显提高

由于柬埔寨、老挝、缅甸、泰国和越南贫困人口收入水平相关数据较难获
得，人均国民总收入（GNI）可以用来反映包括贫困人口在内的湄公河国家整
体贫困情况，因此本章选用五国人均国民总收入（GNI）这一指标来衡量其整

体的贫困状况。人均国民总收入（GNI）增加，说明澜湄区域国家贫困整体状况有所改善；人均国民总收入（GNI）减少，则说明澜湄区域国家贫困整体状况恶化。

从图 13-3 来看，2016—2018 年，柬埔寨、老挝、缅甸、泰国和越南的人均国民总收入（GNI）分别从 1 140 美元、2 150 美元、1 190 美元、5 640 美元、2 060 美元增加至 1 390 美元、2 450 美元、1 310 美元、6 610 美元、2 360 美元，年均增长率分别为 10.42%、6.75%、4.92%、8.26%、7.03%。由此可见，2016 年以来，澜湄区域国家贫困整体状况都有了较为明显的改善。

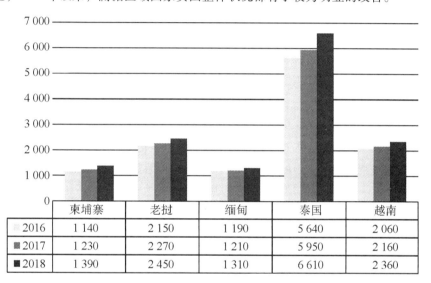

	柬埔寨	老挝	缅甸	泰国	越南
2016	1 140	2 150	1 190	5 640	2 060
2017	1 230	2 270	1 210	5 950	2 160
2018	1 390	2 450	1 310	6 610	2 360

图 13-3　2016—2018 年澜湄区域国家人均国民总收入（GNI）变化（单位：美元）

数据来源：根据亚洲开发银行统计数据整理。http：//www. adb. org/publications/series/basic—statistics.

3. 澜湄国家人类发展指数呈上升趋势

1990 年，联合国计划开发署（UNDP）发布了《人类发展报告》，第一次提出了"人类发展指数"（HDI）这个概念，选择了生活质量、教育水平与预期寿命三个因素作为基础变量，在综合计算的基础上得到综合指数。人类发展指数是对全球各个国家（地区）经济社会发展水平进行综合评价的关键指标。

从表 13-3 的数据来看，2015—2018 年，柬埔寨、老挝、缅甸、泰国、越南五国的人类发展指数呈持续上升的趋势，年均增长率分别为 0.88%、0.56%、1.11%、0.84%、0.63%。

表 13-3 澜湄区域国家 2015—2018 年 HDI 指数

年份	2015	2016	2017	2018
柬埔寨	0.566	0.572	0.578	0.581
老挝	0.594	0.598	0.602	0.604
缅甸	0.565	0.571	0.577	0.584
泰国	0.746	0.753	0.762	0.765
越南	0.680	0.685	0.690	0.693

数据来源：根据亚洲开发银行统计数据整理。http://www.adb.org/publications/series/basic—statistics.

4. 澜湄国家城镇化水平越来越高

城镇化水平亦被称为城镇化率，即在所有人口中城镇人口的占比。该指标不但能够将产业结构转型、生产生活方式变化等因素反映出来，而且能够将农村人口城市化的进程反映出来，同时还是一个国家或地区经济社会发展进步的重要标志之一。因此，本章选用澜湄区域国家城镇化水平来衡量五国整体贫困状态变化过程。如果该国城镇化水平呈总体上升趋势，则意味着这个国家的生产生活方式、地域、人口及社会经济组织形式发生了变化，不再是相对落后的、传统的乡村型社会，而转化成现代城市社会，且在许多方面有着越来越高的综合统一度，减贫趋势向好方面发展；如果该国城镇化水平呈总体下降趋势，则减贫趋势向着不利方面发展。

从图 13-4 来看，2014—2018 年，柬埔寨、老挝、缅甸、泰国、越南城镇化率均呈现持续增长趋势，可见 2014 年来澜湄区域国家贫困整体状况有较为明显的改善。

整体来看，中国对外直接投资正处于加速发展中，随着澜湄合作机制的建成，再加上国际产能合作的进一步深化，在国际减贫工作中，我国发挥着越来越重要的作用。我国企业实施"走出去"策略，促进国际资本更好地流动，一方面让经济发展较为落后的东道国获得了所需资金，另一方面能够有效缓解东道国的就业难问题。此外，中国还将先进管理经验及技术带到东道国，对所在地区的贫困问题从源头上予以解决。现阶段中国对澜湄区域国家实行扩张的投资政策，对澜湄区域国家减贫将具有更加积极的影响。随着澜湄合作程度的加深，中国对澜湄区域国家的直接投资将对澜湄区域国家未来减贫事业与顺利完成减贫目标做出重要贡献。

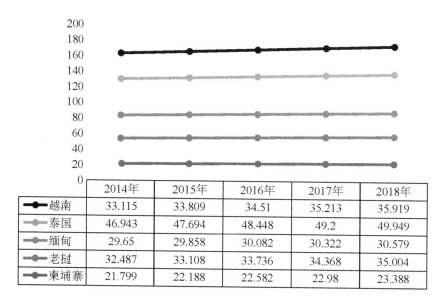

	2014年	2015年	2016年	2017年	2018年
越南	33.115	33.809	34.51	35.213	35.919
泰国	46.943	47.694	48.448	49.2	49.949
缅甸	29.65	29.858	30.082	30.322	30.579
老挝	32.487	33.108	33.736	34.368	35.004
柬埔寨	21.799	22.188	22.582	22.98	23.388

图 13-4　2014—2018 年澜湄区域国家城镇化率（单位:%）

数据来源：根据亚洲开发银行统计数据整理。http：//www. adb. org/publications/series/basic—statistics.

第十四章　中国与澜湄国家减贫合作面临的主要挑战

在五年多的澜湄合作中，中国主要以对外援助为重要的外交手段，已经打下了较为坚实的基础，创造了澜湄质量与澜湄速度，取得了一定的成绩和成果。但是随着时间的推移，澜湄区域内贫困暴露出了更为复杂的问题：一方面，在减贫开发过程中，澜湄各国仅靠自身的力量并不足以应对更为复杂的贫困形势；另一方面，原有的减贫模式已不能满足当下的减贫需要。传统减贫模式大多以政府主导或外部协助为主，并非以贫困人口为核心，贫困治理成效不佳，难以形成减贫长效机制。在新时代，面对澜湄各国急切希望脱贫的新形势，创建新的减贫模式，构建以贫困人口需求为核心的扶贫治理新模式，是中国与澜湄国家深化减贫合作，解决贫困问题的核心和关键。具体来说，中国与澜湄国家减贫合作面临的主要挑战和问题如下：

一、减贫合作存在潜在风险与不确定性

近些年来，尽管中国与澜沧江—湄公河流域合作取得了显著成效，未来的合作机遇是空前的，但是，由于种种原因，合作过程中可能出现各种纷繁复杂的政治风险、信用风险、金融风险、法律风险以及法律冲突、文化冲突等问题，不容忽视。

（一）政治风险

"冷战"结束后，湄公河流域不论是越南、老挝这两个社会主义国家，还是柬埔寨、缅甸等政治转型国家，政治发展都取得了很大进步，但政治现代化仍面临着诸多风险。越南、老挝这两个社会主义国家与西方国家政治关系越来越紧密，不能排除被和平演变的可能；泰国阶层矛盾不断加剧，2006年以来

泰国就发生了 3 次军人政变，最早实行民主政体的泰国政治发展也陷入了困局；柬埔寨自 1993 年起开始实行多党制，虽然长期以来人民党一党独秀，但是，在 2013 年大选中，救国党崛起，对人民党形成了严重挑战；缅甸宗教矛盾和经济落后问题长期存在，并未得到有效解决，缅甸民主政治前进道路上仍存在很多坎坷。此外，由于各种原因，湄公河流域国家之间领土争端和区域主导权争夺所滋生的矛盾时有发生。这些政治不稳定、政治发展方向不明确成为中国与湄公河流域国家全方位、多层次合作的主要障碍。

（二）信用风险

首先，湄公河流域国家主权信用风险比较高，其影响因素主要表现为湄公河流域国家经济整体上比较落后，经济基础薄弱，经济结构单一，财政实力偏弱，政府财政赤字、国家债务比率高。其次，由于湄公河流域国家合作伙伴信用不足，各湄公河流域国家又不愿意向对方提供企业信息，合作各方之间信息交流不畅，而且部分企业缺乏国际合作经验，不了解国外的相关法律法规，造成合作企业对湄公河流域成员国的交易对手、合伙人、债务人等业务伙伴的经济背景、资信能力了解不够全面、准确、客观，合作失败时有发生。湄公河流域国家主权信用、合作伙伴信用等成为合作项目实施中存在的主要信用风险。

（三）金融风险

湄公河流域国家对外资本依赖度高，面临的货币贬值、汇率波动和信贷紧缩压力大，资本外逃的风险较大。湄公河流域国家出于金融保护的目的，大多采取措施防止或限制外国投资者将本金、利润和其他合法收入转移到境外，这将影响到外国企业的净额外汇现金流量、本外币的利润等，进而影响经营企业的成本、费用和利润等，从而给外国投资者造成经济损失。可见，与湄公河流域国家项目合作，尤其是经贸合作，金融风险是重要的影响因素。

（四）文化差异引发的风险

湄公河流域国家拥有不同的意识形态、文化背景、民族特性、宗教信仰、思想信念、风俗习惯、价值观念、行为方式等，这些文化差异会造成各合作伙伴在合作项目上的认识偏差。如果要同时满足各合作伙伴的认识需求，可能会引起不可调和的利益冲突与矛盾，项目合作不确定性和风险会大大增加，从而影响合作项目的顺利进行。

二、澜湄国家各方利益诉求存在差异

在参与澜湄合作的过程中，虽然澜湄五国特别是下游国家将水资源问题列为最需要取得进展的合作领域之一，但是澜湄合作六个成员国各自发展程度和国家实力有差距，各自诉求和利益的排序存在经济利益与非经济利益的差异。柬埔寨、老挝和缅甸这几个经济实力较为薄弱的国家参与合作主要是获取经济利益，迫切希望本国的经济能够通过参与澜湄合作机制获得更多的机会。对经济发展水平较高的国家来说，之所以参与合作，并非一味地为了追求经济利益，更多的时候，是将其当成保障国家安全的一项措施。泰国最早的倡议都和"水"有关，包括灾害管理、旅游、航运安全、农业和渔业方面的合作①。中国作为澜湄合作机制中最大的成员国，长期秉持"亲、诚、惠、容"的周边外交理念，坚持"与邻为善、以邻为伴"，秉持正确义利观，积极将澜湄合作机制打造成"一带一路"倡议的样板。从周边外交成效来看，中国将示范作用充分发挥了出来。此外，合作使我国的发展能够更多地惠及澜湄流域国家，真正推动澜湄流域国家提质升级，最终为实现"两个一百年"目标和中华民族的伟大复兴营造和谐的周边环境。澜湄合作机制六个成员国诉求利益的差异，将会造成成员国间相应资源的投入和关注的焦点不一致，进而有可能影响到合作的进展和效果。另外，在未来的澜湄合作中，中国将继续单方面承担基础设施建设方面项目的投资义务。但从某种程度上而言，我国更应该在市场与资金方面提供强有力支持。从机制建设层面看，这亦是一个非常重要的问题。

三、澜湄国家减贫合作缺乏协调机制

从之前分析的澜湄国家减贫合作的实际情况出发，从双边角度来看，美国、日本、澳大利亚、新西兰、北欧国家、德国、英国和法国等发达国家，以及联合国、亚洲开发银行、世界银行、欧盟、东盟等国际组织都在不同程度上参与了澜湄区域的各项合作。从多边角度来看，与澜湄区域相关的合作机制目

---

① NGUYEN DINH SACH. The Lancang Mekong Cooperation Mechanism (LMCM): a working paper on the Lancang Mekong Cooperation Mechanism [J]. WPI, 2018, 1 (1): 7.

前主要有大湄公河次区域经济合作、东盟—湄公河流域开发合作、新湄公河委员会、柬老越发展三角区、伊洛瓦底江—湄南河—湄公河经济合作战略、中老缅泰黄金四角合作、东盟自由贸易区、中国—东盟自由贸易区、东盟与中日韩（10+3）、澜湄合作等合作机制。这些合作机制总体上可以分为日本、美国等发起或者发挥主导作用的机制，另外是由湄公河区域国家发起的机制。上述合作机制功能不完全一样，难以满足各方利益与需求。尽管这些机制之间可以相互补充和促进，可以促进澜湄国家在社会人文、经济和政治安全三个重点合作领域的可持续发展，但面对如此众多的协议及不同的参与方，各种机制之间协调起来非常困难。尤其值得注意的是，印度、韩国、日本与美国等支持与发挥主导作用的澜湄合作机制的一个突出特点就是：将中国排斥在外，希望对我国在该区域的影响力进行制衡。在该机制不断深入推进的基础上，新旧机制间面临着越来越突出的竞争、交叉态势，且从区域合作机制层面看，各种机制相互牵扯，形成了明显的"面条碗效应"，在经济层面产生的边际效应不断递减，而且还会分散澜湄合作机制成员国的精力。在该区域，如何和相对成熟的其他机制相互促进并发挥互补的作用，怎样和区域内外的国家进行充分合作等，均属于必须面对的问题。同时，域外大国的介入和不同机制的竞争，或将逐步改变湄公河地区的地缘政治经济格局，为澜湄区域国家减贫合作增加更多的不确定因素。

四、部分澜湄国家对中国信任不足

随着中国的快速发展与澜湄合作的推进，中国与澜湄区域国家间的交流与合作不断加深，中国已经成为缅甸、老挝、柬埔寨的最大外资来源地，与越南、泰国的贸易额也不断增长。澜湄区域国家希望搭乘中国经济快速发展的"便车"，推动本国经济发展。实际上，在此区域中，我国是提供发展机遇最多的国家，也是规模排名首位的经济体，但是从之前的合作看，在规则话语权、制定权及区域合作主导权上，中国都存在明显的不足。加上一些西方国家别有用心，罔顾事实地挑拨，澜湄区域部分国家对中国怀有不同程度的担心和戒备，它们担心会在经济上过度依赖中国，沦为中国的附庸。澜湄区域国家几乎都在推行"大国平衡"外交政策，希望其他国家合作机制的介入可以发挥"平衡器"作用。此外，随着澜湄合作的深入开展，这几年，我国企业逐步实施"走出去"战略，试图在澜湄国家构建起当地民众对中国的长期信任机制与体系。

五、中国软实力在澜湄国家影响不强

随着澜湄合作的深入开展，我国的文化逐步得到了澜湄区域国家民众的理解与认可，所在区域民众对我国的印象逐步好转。然而，从软实力角度看，和日本、美国等发达国家相比，我国在该区域广大民众中的影响相对弱一些。澜湄区域地理位置独特，发展潜力巨大，战略价值突出，故域外大国不断强化合作，以期扩大自身在本地区的影响。2006 年，日本前外相麻生太郎提出要在亚欧大陆的外沿建立"自由与繁荣之弧"，澜湄区域正是其中的重要一环。近年来，日本进一步发挥文化软实力的作用，在"湄公河外交"中不仅追求"经济外交"取向，且利用援助不断增加其政治影响力，体现出其背后政治进取性的新思路。近年来美国力推的"湄公河下游行动计划"，也隐含了其拉拢湄公河下游国家以逐步介入澜湄区域的企图，以平衡中国在这一地区的影响力。域外大国的介入和不同机制的竞争，或将逐步改变湄公河地区的地缘政治经济格局，为澜湄区域合作增加了更多的不确定因素。

中国软实力在澜湄国家影响不强的原因可能主要有以下几个方面：一是早期减贫合作不重视普通民生项目。在刚开始合作时，我国将所在区域政府作为主要援助主体，老挝政务系统、柬埔寨政府大楼等影响较重大的项目，基本上都是"政府工程"，这对增进双方友好关系很有帮助，但是普通民众通过此类项目获利的并不多，从某种程度上而言，效果不是很理想。二是减贫合作宣传方面欠缺。在经济实力不断增强的基础上，我国参与澜湄国家减贫合作项目取得一定成效，并在其他合作领域有逐步扩大的趋势，导致国际社会对此产生担忧及疑虑，认为中国只想汲取澜湄国家矿产资源，对环保问题、人权问题等不够重视，而中国并没有对近年来在这一地区越来越多地援助普通民众的事例很好地进行宣传，导致澜湄国家民众对中国各项援助认知产生偏差。三是缺乏与民间力量及非政府组织的有效交流与对话。在澜湄合作减贫过程中，中国主要以官方对话方式为主，导致不管是民间力量还是非政府组织，均一定程度上存在"政府色彩"。而得到受援助国家广大民众普遍认可的组织没有能够发挥作用，不能有效深入受援国群众进行沟通、听取对方意见。此外，未能引导受援助国家广大民众对我国援助的本质与目的进行深入了解，将我国的良好形象在更多领域展示出来。

六、澜湄国家传统经济增长的益贫效应减弱

虽然中国对澜湄国家减贫合作效果明显，但是从全球减贫国际合作角度看，传统经济增长对减贫的拉动作用正在不断减弱，其原因是：在市场经济条件下，贫困的减少，取决于经济增长的方式和性质以及穷人利用经济增长所创造出来的机会的能力。一旦市场经济创造的机会减少或消失，贫困的减少只能主要通过福利制度等再分配制度和政策的作用来实现，而再分配制度和政策减贫，容易导致受益者形成福利依赖，除了促进其消费以外，并不能产生积极的经济影响。如果用于再分配的资金规模过大，支持再分配解决贫困的方案就很难被社会接受，因此短期内难以依靠再分配方式解决大规模贫困人口的脱贫问题。因此，中国在与澜湄国家减贫合作的过程当中，如何通过一系列的干预制度和方法设计，通过包括促进澜湄国家经济增长在内的政策和措施，实现澜湄国家贫困人口较大规模地减少，取得国际减贫合作的成效，是具有重大挑战性的问题。

另外，由于传统经济增长方式忽视对环境的影响，在推进澜湄国家减贫合作和经济开发时，日益严重的土地污染、生物多样性减少、土壤退化和自然资源消耗等环境压力将增加贫困和农村人口在面对自然灾害、食物匮乏和社会分裂等危险时候的脆弱性。如在缅甸国内外势力不断炒作环境问题的背景下，中国在缅甸的三大标志性项目中的密松电站项目和莱比塘铜矿项目相继被叫停。在澜湄国家进行区域开发过程中，由于澜湄各国处于湄公河不同的河段，水量分配以及环境保护等问题常常使得上下游国家之间发生分歧和矛盾，各国在水资源分配和环境问题上的竞争多于合作。如果中国继续沿用传统的较少考虑环境影响的经济增长方式来达到推进澜湄国家减贫的目标，在未来可能会遇到更多的阻碍和困难。

七、反贫困理论对国际减贫合作的支撑有限

在理论层面，发展经济学是 20 世纪 40 年代后期逐步形成的一门经济学分支学科，主要研究经济发展规律、经济发展与社会发展的相互关系以及以经济发展为基础的社会发展规律等，旨在帮助落后的农业国家或发展中国家实现工

业化，从而摆脱贫困、走向富裕。在早期的国际减贫实践与发展经济学理论的探索过程中，人们通过直观地观察贫困问题而将其归因于落后的产业结构。当时人们普遍认为，发达国家之所以能够实现较高的劳动生产率，是因为它们有先进的资本密集型大工业。相比之下，以农业或自然资源产业为主的发展中国家，劳动生产率则比较低。而这种落后的产业结构又是发展中国家存在的诸多刚性结构造成的，比如，一国历史文化等因素造成的居民低储蓄率，或因为对价格信号不敏感而导致的市场失灵等。沿着这条思路，人们得出结论：发展中国家要想彻底摆脱贫困，就必须依靠政府克服市场失灵，直接动员资源、配置资源，发展现代化大工业。其实，这种发展模式在理论化之前便以不同的形式在世界上很多国家进行了实验，包括"优先发展重工业"的苏联模式，以及二战结束后在拉美、非洲、南亚国家所推广的"进口替代"战略等。这些都主要通过政府的直接干预来集中人力，配置资源，发展本国的现代化先进产业，从而实现替代进口产品的目标。然而，数十年的实践并没有让大多数这类国家发展起来，摆脱贫困。在这种发展战略实施的初期，一些国家尚可实现5~10年的由投资拉动的经济快速增长；可一旦这些国家将先进的产业结构建立起来，整个国家却往往陷入经济发展停滞状态，甚至危机频发。这一情况迫使人们在20世纪70年代末开始反思，历史的钟摆仿佛滑向另一个极端，即从过去依赖政府实施减贫战略直接转向将政府干预视为产生贫困的源头。这一观点认为，发展中国家与发达国家差距不断拉大的原因是：发展中国家的政府干预过多，使市场作用未能充分发挥。持这一观点的人们以经验数据来论证：发达国家政府干预较少，市场作用发挥较充分，而二战结束后，大多数发展中国家的政府干预较多，所以与发达国家的差距被不断拉大。在上述思路下，20世纪80年代末，反对政府干预的"华盛顿共识"逐步成为全球主流范式。在少数西方国家及国际组织的大力推动下，一场经济革命在许多发展中国家上演。

第六篇　新时代中国与澜湄国家减贫合作策略

第十五章　中国与澜湄国家
减贫合作新理念与新思路

澜湄流域国家贫困问题的成因具有复杂性，其贫困问题具有长期性与历史性特点，与此同时，随着时间的推移、政局的变动、自然灾害和疾病等原因，还会不断出现新的贫困态势。但总体来看，随着澜湄合作机制不断深入推进和澜湄五国生产力的不断提升，澜湄五国贫困指数已呈总体下降趋势。尽管中国依托澜湄合作机制积极为澜湄区域国家减贫工作做出努力，但是，在新的历史时期，在复杂多变的国际形势下，中国经济总量已经成为世界上第二大经济体，年人均 GDP（国内生产总值）达到 8 000 多美元，按照国际标准，中国已经进入从中高收入国家向高收入国家迈进的阶段，中国如何在多种机制重叠的澜湄流域国家中有效发挥减贫合作领域的优势作用，保障澜湄区域国家能够以平等待遇开展减贫合作，则需要积极探索并构建与澜湄国家减贫合作的新理念与新思路。这些新理念与新思路，既是中国为解决人类减贫问题开辟的新途径，也是中国为国际减贫合作贡献的中国智慧和中国方案当中的有效组成部分。

一、中国与澜湄国家减贫合作新理念

澜湄国家在经济发展理念上存在差异，经过较长时间的经济建设，虽然澜湄国家逐步提高了经济发展竞争力并缩小了内部城乡发展差距，但发展水平参差不齐。受到国家自身经济基础、内部发展政策与社会文化观念等多重因素影响，各国对于促成产业升级、发展高端制造业、提升环境标准的考量有所不同。考虑到中国在澜湄合作机制框架下的减贫合作中牵头的项目较多，如何在与澜湄国家减贫合作中协调各方利益并理解各方的发展习惯、如何尊重澜湄国家的发展理念和国民性格，是该机制在推进减贫合作的过程中亟待考量的重要问题。目前来看，中国的精准扶贫模式为广大发展中国家所承认，尤其在东南亚地区的澜湄国家当中被广泛借鉴。但这并不表明中国的发展模式在澜湄流域国家的减贫问题上具有绝对的适用性。澜湄流域资源丰富、河流水系广布，对区域的资源环境的开发与保护需要给予重点关注。在澜湄合作机制框架下的减贫合作中，中国作为主要的项目发起者，必须要将生态平衡、经济效益与可持续发展放在区域减贫规划的优先位置上，尤其要减少资源开发与环境保护之间的潜在冲突，尊重各成员国在环境保护方面的政策与法规，逐步实现减贫与经济发展之间的良性循环，深入推进且中国与澜湄国家减贫合作，需要摒弃以往的"输血式"减贫合作思想，逐步构建起中国与澜湄国家减贫合作的新理念。

第一，遵循"共商、共建、共享"合作新理念。我国刚开始提出构建澜湄合作机制时，便主张"共商、共建、共享"合作新理念，当然，"共商、共建、共享"也是我国建设"一带一路"过程中需要遵循的合作原则。也就是说，中国与澜湄国家开展的任何合作，并未附加自身战略，而是以相互尊重为前提，在相互自愿的基础上寻求双方彼此合适的合作模式，达到共同发展的目的。"共商"即协商一致，在澜湄合作机制主体构架下，一起制订国际减贫合作计划；"共建"即制定统一的减贫项目情况通报制度、检测评估体系以及减贫项目库与数据库，建立健全有关联系制度等；"共享"即实现共享利益，构建风险补偿体系，达到共享利益、共担风险及均衡发展的目的。

第二，倡导绿色环保减贫新理念。为了推进澜湄减贫合作，应统筹协调资源开发与生态环境保护以实现绿色减贫，因为在开展减贫开发工作时，只有各个国家都重视环境问题，才能确保减贫行动的可持续。

第三，主张践行"四位一体"新理念。即实施政府发挥指导作用、全社会响应、非政府组织积极推进、企业负责具体实施的立体操作模式，加强各方在经济和社会领域的协调，形成共同消除贫困的共识和行动。

第四，构建"命运共同体"核心价值观。参与减贫合作的主体很多，需要一个统一的价值观念来把握方向。"包容发展、合作共赢"是"命运共同体"的核心价值观，也是中国与澜湄国家进行减贫合作的价值观。首先，这一价值理念契合正确义利观的要求。习近平同志指出，中国希望全球各国能够协调发展，尤其是希望发展中国家能够获得日新月异的发展。对于贫困国家，中国在能力范围内提供帮助，这是我们的义务。有的时候，不可斤斤计较，不可唯利是图，要做到重义轻利，甚至舍利取义。[①] 在经济全球化的背景下，各

---

① 于军. 新华网评：中国外交新理念的又一重大实践 [EB/OL]. (2014-11-24) [2020-02-21]. http：//www. huaxia. com/xw/mttt/2014/11/4162714. html.

国相互依存的程度不断加深，各个国家在追求本国利益时也要兼顾他国的合理需求，要相互包容，才能共同发展。其次，这一价值观是我国"亲、诚、惠、容"周边外交理念的重要体现。随着综合实力的提升，中国已成为世界第二大经济体，澜湄区域国家期待着搭乘中国经济发展的"便车"，也希望与中国开展减贫合作。对于中国来说，也愿意与澜湄国家同舟共济，在减贫等领域展开合作。因此，减贫合作的价值观既会被中国民众理解，也会被周边国家乃至世界认同。

二、中国与澜湄国家减贫合作新思路

（一）精心做好减贫合作顶层设计

"顶层设计"是从工程学发展而来的一个概念，意思是对各要素、各层次进行综合考虑，做到统筹兼顾，通过最高层次找寻处理问题的方式方法。① 目前，该概念在不少研究领域得到推广使用，从经济学角度看，开始改革时，经验和理论不足，需"摸着石头过河"；如今，需进一步强化顶层设计，自上及下推动改革向纵深发展。② 首先，要提升战略高度，提高中国与澜湄国家减贫合作在周边战略中的权重，并配套相应的政策、资金。将减贫合作纳入"一带一路"建设中，两者统筹规划，系统实施。"一带一路"建设优先要求互联互通，与减贫合作结合会更好地实现民心相通。并且在外援预算中可以设立专门的减贫款项，从而使民生援助份额保持在合理的范围内，稳步提高援助规模，同时适当地简化援助程序。其次，要明晰权责，优化管理体制，建立统一的领导协调机制，将国内与国外两个层面相结合，尽可能使减贫合作和区域合作、升级自由贸易区及对外援助等相结合，让所在区域广大民众能够在就业与生产方面获得更多实惠。

（二）注重在多种合作机制中寻求平衡

中国和澜湄国家应将"命运共同体"理念深入贯彻在减贫合作中，合作方本着包容发展、互利共赢的原则，建立友好的关系网络，实现各方资源的共

① 王小林，刘倩倩. 中非合作：提高发展有效性的新方式 [J]. 国际问题研究，2012 (5)：69–81.

② 胡鞍钢. 顶层设计与"摸着石头过河" [J]. 人民论坛，2012 (9)：28–29.

享和有效利用，不要局限于政府层面，引导各国民间加强交流合作，实现社会与民众层面的传播。单层次的物质性项目难以发挥最大化的减贫效果，澜湄国家应改变这种单一的合作模式，进而以"命运共同体"理念来加强彼此间的情感联系。第一，在思想层面应意识到"命运共同体"对彼此的重要意义。中国的快速发展就是在地区分享、共同进步基础上实现的，而中国的发展必然会对周边国家起到辐射作用。第二，将"命运共同体"理念深入贯彻到减贫项目中，让澜湄各国明确自身在发展中所应担负的责任，让当地民众感受到"命运共同体"所传递的包容发展、互利共赢理念。第三，要促进各国之间减贫文化的交流与沟通，在发展中要维护当地社会及民众的利益，积极参与到当地减贫事业中。中国应从多个领域开展减贫民生项目，作为当地经济发展的重要推力。这需要中国民间力量深入澜湄各国，积极投资当地减贫项目。澜湄国家在发展中要摒弃形式化合作，注重合作成效，增进双方交流合作与情感沟通。加强对国内外媒体的有效利用，从媒体角度对减贫项目进行跟踪报道，让各国人民认识到减贫合作项目带来的好处。

构建"人类命运共同体"导向下的中国与澜湄国家减贫合作需要寻找新的平衡。第一，寻求双边和多边的平衡。从制度设计来看，澜湄合作属于"1+5"的多边合作。推进"1+5"多边合作的同时，重视双边合作项目，不但更容易推进，也可以为推动"1+5"合作发挥示范作用。第二，平衡和目前已建立的合作机制间的关系。着重平衡新湄公河委员会等区域机制与澜湄区域经济合作机制间的关系，防止出现恶性竞争情况及功能重叠问题。后者属于一种区域性经济合作平台，亚洲开发银行发挥主导作用，不包括水资源在内，就澜湄合作机制而言，在合作领域上，其和GMS合作机制有着极高的重叠性，要想进行区分，难度比较大。今后在亚洲基础设施投资银行发挥越来越大的作用之后，亚洲开发银行的影响力肯定会减弱，作为亚洲开发银行项目的澜湄区域经济合作机制也会随之弱化，中方应筹划有步骤地逐步退出澜湄区域经济合作机制。新湄公河委员会建立于1995年，与之前建立的湄公河委员会对比，其职责范围更广。尽管其能力和影响力饱受诟病，但它毕竟是湄公河下游国家的一个共同机制，在区域合作方面仍发挥着独特的作用①，因此，未来加强澜湄合作机制与新湄公河委员会之间的协调，确立中国—澜湄"命运共同体"理念将显得非常重要。

---

① 罗圣荣. 澜湄次区域国际减贫合作的现状、问题与思考 [J]. 深圳大学学报（人文社会科学版），2017，34（3）：106-112.

（三）合理推广中国减贫成功经验

中国是全球最早实现联合国千年发展目标中减贫规划的发展中国家，在减贫领域取得了积极成果，为全球的减贫事业做出了重大贡献。自改革开放以来，中国的脱贫人口逐年增加，贫困发生率不断下降。中国将脱贫攻坚作为国家建设的优先发展事项，将减贫视为全面建成小康社会的必要条件。总体上，中国的减贫模式具有科学性和导向性，坚持以精准扶贫为基础，主要利用政策扶持推动减贫项目的落地实施，全方位扶贫取得了较为显著的实际成效。中国在减贫领域积累的相关经验可以被澜湄国家借鉴和采纳，中国通过与贫困国家分享技术经验，适当时候提供资金支持等方式，与澜湄国家在减贫领域达成互助合作，为其提供必要的发展援助。

随着澜湄合作机制框架下减贫合作的继续深入，可以对中国在基础设施建设、城镇工业化发展以及环境污染治理方面的具体经验进行合理推广，以帮助澜湄国家消减贫困。澜湄国家可以结合本国国情和实际需求，对中国的减贫经验进行合理借鉴，更好地解决自身贫困问题。

一方面，中国利用基础设施建设促成减贫的相关经验可以为澜湄国家提供参考。在澜湄合作机制框架下，中国在道路交通、通信工程及电力设施等项目上的投入较多，湄公河流域各国可以利用基础设施建设统筹城乡发展，改善农村民众的生产生活条件，逐步缩小与城市的贫富差距。作为重要的产能合作项目，基础设施建设项目能够带来大量的工作机会，帮助贫困人口实现就业并增加实际收入。加强基础设施建设也能够促进各国之间的互联互通，加快澜湄流域国家的协同发展并实现共同富裕。

另一方面，澜湄各国可以学习中国在城市化和工业化方面的有益做法。澜湄国家当中普遍存在明显的城乡贫富差距，农村地区落后的发展条件尤其影响了减贫工作的推进速度。考虑到澜湄各国城镇化水平较低的现状，为切实推动区域减贫合作，澜湄合作机制应重点关注各国乡村地区的发展规划，参考中国在城乡融合发展过程中采取的积极措施，为进一步消减贫困创造条件。

（四）管控与澜湄国家减贫合作风险

东南亚地区的政治形势正在经历新一轮的波动变化，澜湄流域的部分东南亚国家也在近期经历了政党轮替，国内有关经济发展的政策法规也因领导人换届更迭而出现了变动或调整。减贫合作与国家经济发展规划密切相关，为了使澜湄合作机制在减贫领域发挥更大作用，各成员国之间应加强高层互访、增进互信与了解，尤其需要重视他国的利益关切以获得更高质量的减贫成效。澜湄合作机制框架下的减贫合作也应重视阶段性的成效评估。东盟国家的政治局势存在不稳定性，产业结构较为单一。伴随着政权更迭，澜湄流域的东南亚国家将重新审视对外关系，因此减贫合作需要具备风险管控意识，注意对既有减贫合作项目进行适时调整。开展减贫合作时要着重考虑合作项目、谨慎选择合作方式，要平衡减贫与发展、风险与安全之间的关系。澜湄合作机制中的成员国家还要积极面对区域形势的变化并寻求发展机遇，继续参与相关减贫合作项目，切实提高国家的工业化水平，解决贫困人口的就业问题，让更多的减贫合作项目惠及民生。

为此，中国一要增进与澜湄国家的政治互信。在"一带一路"建设背景下，坚持"与邻为善，以邻为伴，睦邻、安邻、富邻"理念，推动澜湄合作新机制，真正贯彻"亲、诚、惠、容"周边外交新理念。在政治领域，保持高层密切交往，加强政党、民间团体各层面交流，深化政治互信，增进湄公河流域各国家之间的相互了解。在经济领域，本着先易后难、循序渐进、优势互补、互利共赢原则，制定有针对性的合作规划，从基础设施互联互通、产能合作、减贫合作等方向优先推进与湄公河流域各国的合作。在学界，加强教育合作和学术交流，共建澜湄高端智库联盟，就澜湄合作的重大问题和前瞻性问题，不定期召开智库研讨会。二要完善澜湄国家信用风险防范机制。在"一带一路"建设背景下，创新中国与澜湄国家合作风险防范法律机制。充分利用中国—东盟智库战略对话论坛、澜湄合作智库论坛等现有的合作机制与平台，加快中国与澜湄国家合作风险防范法律机制的创新，建立澜湄国家风险防范专家组，开展各领域合作可行性研究，为各领域合作政治风险防范法律机制创新提供顶层规划设计。三要大力加强人文交流。通过学历教育、技术培训、研修和考察交流等多种形式，帮助澜湄国家培养各领域人才；通过举办民俗文化节、体育赛事等活动，促进中国与澜湄国家的人文交流，尽可能地消除文化差异造成的冲突和误解。

（五）增强澜湄国家自身减贫能力和社会效益

中国在减贫战略规划、多维度的综合扶贫政策制定和贫困监测评估等方面都积累了丰富的经验，这些经验可以作为包括澜湄国家在内的全球可持续发展领域的公共知识产品，为增强合作国家减贫能力提供可资借鉴的经验。澜湄国家可以凭借地利之便，在充分借鉴中国减贫成功经验的同时，不断加强与中国的合作，根据自身国情，制定减贫战略规划和相应的政策体系，使得国际组织和中国官方的发展援助更加有效地服务于本国本地区减贫战略目标。澜湄国家可以与中国合作开展贫困监测、评估领域的能力建设，寻求建立自己的贫困监测、评估体系，使得澜湄国家减贫具有科学客观的依据。总之，中国可以与澜湄国家不断深化在减贫战略、政策扶持和贫困监测与评估等领域的合作，提升澜湄国家自身的减贫能力。

中国在与澜湄国家减贫合作中亟须注重提升各个合作领域和各类项目的社会效益，要保持对澜湄国家农业减贫合作的持续关注，加强农业技术、经验的交流，特别是关于土地的规划、利用、开发及管理，加强与澜湄国家在粮食安全、自然灾害等民生领域的沟通与合作。在减贫合作当中，对外援助向有关民生的项目如医疗、教育、住房等倾斜，并在这些项目的建设中合理地为当地民众创造就业机会。同时，鼓励、引导各种合作基金如中国—澜湄投资合作基金等设立民生专项。减贫合作当中瞄准贫困群体的个体特征对于提高国际减贫合作的有效性具有重要作用。澜湄国家致贫因素很多，受教育程度低和疾病因素占比较大，因此中国需要加强与澜湄国家在教育和医疗健康领域进行减贫合作。澜湄国家当中，缅甸、老挝和柬埔寨的小学、中学和大学入学率明显低于东盟其他国家，教育发展水平有待进一步提高。中国在安排减贫项目的时候，要着重深化与澜湄国家在减贫领域的教育合作，致力于通过各种项目提升其教育发展水平。另外，要依据澜湄国家的经济和产业发展状况，有针对性地开展职业教育合作培训，建立专门的教育培训中心，培养其社会经济发展所需的技能型和操作型人才，提高劳动人口的就业技能和人口素质，为减贫脱贫提供根本动力。

（六）注重与澜湄国家加强减贫合作人文交流

（1）要健全人文交流的平台。政府顶层已经有中国—澜湄社会发展与减贫论坛、"10+3"农村发展和消除贫困领导人会议等平台，接下来要注重基层、民间的平台建设。立足实际，从时间、空间上加强"10+3""村官"能力建设，务实地为澜湄国家提供有关减贫政策实践的咨询与研讨；加强与澜湄国家在减贫领域的人力资源开发合作。

（2）人文交流要落实到实践中。依据澜湄国家的需求，参与到减贫战略、项目的规划中，积极提供经验、技术支持。澜湄国家农村社区比较多，又是减贫的重要环节，为此要注重援助澜湄国家农村社区的发展，加强交流与培训合作。

（3）加强教育领域合作。加强与澜湄国家在减贫合作中的人文交流，重点在于与澜湄国家开展教育领域合作。在部分澜湄国家中，教育发展水平不是很高，中国采取高教联合培养、共建职业技术教育和援助基础教育等一系列措施，让这些国家的贫困儿童可以获得接受良好教育的机会，从源头上切入，让广大民众拥有更强的能力来创造美好生活。为提高澜湄国家在减贫领域的人才和人力资本，中国对澜湄国家的援外项目中包含了大量的培训项目，这其中包括针对来华大学生的高校奖学金项目和针对政府官员的能力建设项目、针对当地青年的孔子学院项目等。这些项目当中，中国为培训澜湄国家扶贫管理方面的人才，创造了"东盟'村官'交流项目"，不断创新交流模式，进一步延长交流时间，不断扩大交流规模，交流频率越来越高，以扶贫管理为主题，帮助澜湄国家培训了大量优秀人才。另外，除了在澜湄已有的双边、多边发展合作机制下，中国加强与澜湄国家在教育领域合作外，依托"一带一路"倡议，以澜湄国家社会经济发展中的人力资本需求为导向，加强与澜湄国家医疗卫生、基础教育和职业技术领域的合作和发展也至关重要。依靠广西、云南的民族类大学，吸引澜湄区域国家人员到少数民族大学学习培训，为澜湄国家少数民族培养扶贫人才和干部。尤其是柬埔寨、老挝等澜湄国家高中、大学阶段升学率不高，为此中国可制订有针对性的教育结对联合培养的减贫计划。最后，应利用国内外媒体，对中国与澜湄的减贫合作项目进行跟踪报道，这样有利于向澜湄国家乃至世界传播中国的"命运共同体"理念。

（4）加强卫生领域合作交流。中国在消除极端贫困的过程中，始终坚持普及义务教育，保障提供基本医疗卫生服务。这是中国在推进系统性减贫工作当中始终坚持的思路，同样也应该成为中国参与澜湄国家减贫合作时要坚持的思路之一。尤其是在数字"一带一路"建设的时代背景下，需要充分利用数字技术边际成本低、普及快的特点，加强与澜湄国家在互联网医疗等领域的合作。2020年新型冠状病毒疫情发生后，受到全球化冲击的公共卫生健康问题由单纯的国内事件演变成全球公共卫生健康危机，国际社会加强医疗健康合作，推进公共卫生治理，提升突发疫病应对能力，是未来各国亟须共同推动的重要工作。作为唇齿相依、命运与共的澜湄各国，可以通过资源共享，和中国一起重点加强传染病防治的国际医疗健康合作，中国也应提前从构建"命运共同体"的高度、地区公共卫生治理的实际和自身大健康产业发展需要出发，进一步开展与澜湄国家包括疫情防控合作在内的国际医疗健康合作，推进地区卫生健康保障体系建设，最大限度地降低因病致贫、因病返贫的概率。

（5）注重民间交流合作。与澜湄国家人文交流的过程中，中国应更加重视民间的力量，充分发挥非政府组织在减贫领域的作用，鼓励、引导中国的非政府组织参与到与澜湄国家的减贫合作中，推动民生领域的共生发展。另外，非政府组织间要加强沟通交流，深入了解当地民众的减贫需求，分享减贫的经验、技术，让当地民众感受到"命运共同体"价值理念的好处。具体来讲，要鼓励志愿者、民间组织利用专业技能"走出去"，参与到目标国的扶贫工作中；要督促涉外合作企业强化责任意识，加大减贫公益事业的投入力度。

（七）加强与澜湄国家减贫合作文化塑造

文化贫困理论提出，可将文化解释为行为方式的总和和价值理念，文化是社会各界所共同遵守的行为规范，是社会治理的重要工具，是群体所共同拥有的特征。文化存在积极影响与消极影响，受适用人群及环境等诸多因素影响。而在外部环境中，不同的贫困个体所受的文化影响存在差异，会表现出不同的价值观与行为。正常情况下，穷人会以文化中的惰性来作为自身的行为准则，作为与社会建构相抵抗的力量，这种行为会存在代际传递特征。贫困受文化影响，由此可知，可从文化的角度采取有效措施来减贫，改变国家贫困群体的价值观念与行为规范。

文化取向的贫困从根本上说正是产生贫困的重要来源。想要落实澜湄各国减贫项目，必须重视文化层面的脱贫，改变贫困群体传统的惰性理念与行为。基于此，中国与澜湄国家在合作期间需坚持以减贫致富为核心目标，加强文化交流与沟通，灌输新的价值观念与行为方式，实现民间文化的共享与传播。中国在与澜湄国家开展减贫合作项目时，应充分发挥双方文化的协同作用，以文化作为经济的推力，利用文化的影响来推动经济的发展，双方民众也会因深入的文化交流而产生深厚的感情。同时，在开展减贫文化合作项目时，政府及民间等各个层面都要以减贫作为发展目标，激发贫困群体的参与积极性，要采取有效的减贫措施，根据具体情况制订有针对性的合理计划，规避形式化操作。可根据澜湄六国减贫文化交流内容来制定具体的减贫策略，保证策略的全面性、科学性、合理性，同时基于贫困地区人力资源不足的情况，应加强教育投入，提高教学质量，培养经济发展所需的高素质人才。中国可根据各国实际教育发展情况，为其提供有针对性的教育发展规划与减贫策略。一方面，对澜湄国家教育体系进行变革，提高基础教育和高等教育质量，优化课程结构；另一方面，基于澜湄国家经济现状，可引导其设立专业的培训机构，通过培训的方式为当地发展提供大批专业人才，提高人力资源质量。中国在各国的孔子学院及中国的高校均可直接对接培训项目。中国应根据留学生现状制订有针对性的培训计划，为减贫目标的实现提供人才储备。中国可鼓励本国学生去澜湄国家留学，了解澜湄国家的发展情况，加强双方的人才交流与分享。而且，在中国贵州举办的中国—澜湄教育交流周可作为中国与澜湄国家进行文化交流的重要渠道，为人才培养提供助力。

第十六章　构建中国与澜湄国家减贫合作新机制

从目前澜湄国家减贫合作机制来说，基本上都是域外国家发挥主导作用，存在明显的利益矛盾问题。就澜湄区域目前实施的合作机制而言，仅有为数不多的合作机制如东盟—澜湄流域开发合作等机制发展较好，其他均处于停滞的状态，造成了较为严重的机制拥堵。究其根源，域内外合作机制发起方之间、各合作机制成员国之间所存在的利益矛盾是影响合作机制整体运作效果的主要原因。澜湄合作机制虽然是新兴的区域合作机制，但不可避免地参与了区域合作机制之间的利益博弈。目前，从澜湄流域来看，西方发达国家一直在致力于实施其流域治理模式，从某种程度上而言，旨在提升其区域影响力。而国际组织则重视跨境基础设施建设与环境治理，包括减贫合作在内的一系列发展合作则聚焦于项目发起方的利益诉求，区域内各国的实际利益和需要却被忽视并弱化。在这种情况下，澜湄合作机制可以通过整合各成员国利益诉求、制定共同发展规划的方式来增进信任，提高合作机制在减贫合作领域的影响力。因此，澜湄合作机制要更接地气、更有诚意，提高减贫合作的有效性和权威性，增进成员国对具体减贫规划的认同。面对可能存在的分歧与矛盾，澜湄合作机制要继续构建各成员国真正参与并主导的、具有规范性和约束力的合作模式，以期获得更为显著的减贫成效。

从澜湄国家自身角度来看，澜湄国家一方面非常警惕域外国家在本区域开展的种种活动，另一方面又不希望"一边倒"地倒向中国。就澜湄国家而言，怎样使澜湄合作机制更具有吸引力，进而让这些国家通过减贫合作获得实实在在的利益，切实让各个国家都能够从国际减贫合作中得到实惠，有效解决上述国家存在的贫困问题，解决其存在的隐忧，是澜湄合作机制进一步深化发展的首要问题。

构建中国与澜湄国家减贫合作新机制，要梳理和总结发展中国家在减贫及发展方面的有效做法，对各国减贫和发展模式与机制进行对比分析，对相关热点问题进行深入追踪剖析，对相关政策影响进行专题研究，因地施策建立减贫合作平台。澜湄各个国家经济发展水平存在明显的差异，我国是提出澜湄减贫合作的主导者，减贫经验较为丰富，开展减贫合作工作时，要结合澜湄国家贫困的实际情况对"中国经验"进行推介，将"中国方案""中国智慧"分享出去，构建推进中国与澜湄国家减贫合作的新机制。从具体落实来看，可以从以下几个方面入手：

一、探索减贫合作的绿色发展机制

为数不少的发展中国家，在推动工业化发展过程中，生态环境变得越来越糟糕，澜湄国家现阶段也在生态与贫困方面存在着"双恶化"的突出问题。因此，相关国家都有一个任务，就是做到脱贫与生态环保统筹兼顾。我国一直倡导绿色减贫理念，并且在实践中获得了成功，这意味着绿色减贫是具有可操作性的，能够对其他发展中国家的发展起引导性作用，让它们在减贫方面拥有更多可资参考的经验。从相关国家来看，均为发展中国家，扶贫、脱贫是它们面临的共同主题，而绿色减贫则是澜沧江—湄公河国家间建立长期可持续的减贫合作有效机制和效果最好的模式。

一是在我国绿色减贫成功实践的基础上，推动提升澜沧江—湄公河流域的绿色资源价值，不管是绿色脱贫，还是绿色扶贫，都有着广阔的发展空间。从本质上看，绿色减贫即在将资源优势进行充分运用的基础上，促进资源利用价值的进一步提升，同时把其变成生态、社会与经济等方面的价值，实现绿色减贫与发展的目的。从我国实施的绿色减贫实践可知，贫困区域存在大量绿色资源，提升这些资源的价值，同时将其转化处理变成绿色成本，是脱贫工作的核心所在。就绿色减贫实践看，中国贵州省的做法对此进行了验证。现阶段，该省贫困区域推出的养生游、文旅和生态游等措施，在脱贫扶贫方面取得了突出的成效。贵州省在加强交通和环境建设后，其绿色资源的价值转换能力明显增强，旅游收入规模甚至高于云南。从澜湄减贫合作建设层面看，澜湄六国实现了民心相通，加上基础设施融通等，一定会有效地促进其文化及绿色资源价值的进一步提升，推动澜湄国家更快地实现脱贫扶贫目的。

二是把握"一带一路"建设为澜湄国家绿色减贫国际合作提供的良好机遇。①"一带一路"建设将带来较多的资金支持。习近平主席在2017年召开的"一带一路"国际合作高峰论坛上提出，中国将在资金方面加大对"一带一路"建设的支持力度，向丝路基金新增资金 1 000 亿元人民币，支持金融部门在海外推行金额规模约为 3 000 亿人民币的海外基金业务。中国国家开发银行、中国进出口银行将分别为"一带一路"金融、产能、基础设施建设合作提供 2 500 亿元和 1 300 亿元等值人民币专项贷款。②"一带一路"建设将为沿线国家带来科技创新支持。习近平主席在 2017 年召开的"一带一路"国际合作高峰论坛上还提出，要启动"一带一路"科技创新行动计划，在今后五年选派 2 500 人次"一带一路"沿线国家青年科学家来华从事短期科研工作，提供科技与管理者培训名额 5 000 人次，投资并运行联合实验室 50 家。③"一带一路"建设将为沿线国家国民提供一定民生保障。在 2017 年召开的"一带一路"国际合作高峰论坛上，中国领导人还承诺，在今后三年，中国向参与"一带一路"建设的发展中国家和国际组织提供 600 亿元人民币援助以及提供紧急粮食援助 20 亿元人民币，同时增加 10 亿美元资金注入"南南合作"援助基金，并在"一带一路"沿线国家实施"康复助医""爱心助困""幸福家园"等项目各 100 个。④在 2017 年召开的"一带一路"国际合作高峰论坛上，中国领导人表示，要围绕"一带一路"建设促进中心、财经发展研究中心及国际合作高峰论坛后续联络机制，与国际货币基金组织共建能力建设中心，与多边开发银行共建多边开发融资合作中心，同时利用"一带一路"沿线国家民间组织合作网络打造其他人文合作新平台。

通过促进澜湄合作机制与"一带一路"倡议政策有效对接，且在上述新行动、新政策的促进下，为澜湄合作机制成员国实施绿色减贫合作提供了良好机遇。要大力借鉴围绕绿色减贫指数为"一带一路"沿线国家推进绿色减贫工作服务的经验。虽然我国绿色减贫指数建设还处于起步阶段，不过，在现阶段脱贫扶贫成效考评机制的健全与创新，制定及实施减贫发展方案、政策及战略，地方政府长期脱贫扶贫措施的制定等方面已经发挥了重要的参考作用。与此同时，从"一带一路"沿线国家来看，该指数对其制定及实施脱贫扶贫措施、战略及激励机制等方面提供了重要参考。

三是减贫领域与范围进一步扩大。澜湄合作机制新框架将推动建立绿色减贫合作新尝试，实现发展转型。在原先中国—东盟减贫合作基础上，根据湄公河流域五国实际情况，在研究和交流绿色减贫政策、理论及理念实践等方面下功夫。可以尝试推进澜湄合作机制六国的绿色减贫合作平台建设，举办减贫论坛，还可以在促成澜湄合作机制与"一带一路"建设项目对接前提下，共建共享发展框架，将推动绿色减贫发展作为其中的一个重要主题。

二、构建减贫合作的科技共享机制

在科技扶贫方面深化合作，坚持"科技援外"与"科技伙伴计划"原则，在农业技术资源共享、科技扶贫合作方面，和澜湄国家合作，构建"命运共同体"，通过科技创新方式推动实现共同发展的目的。

一是完善国际科技特派员制度，实现科技扶贫经验、人才与技术上的共享。在科技扶贫方面，我国已取得突出成就，这与"利益共享、创业引领、服务基层"的科技特派员队伍紧密不可分割。这些年，在科技特派员方面，我国一直在研究"走出去"的新发展战略。2013 年，中埃国际科技特派员合作项目正式启动，中国农机院发挥牵头作用，以埃塞俄比亚粮食机械化创新为主题，开展了一系列工作。然而，现阶段尚未形成完善的国际科技特派员制度，合作国家数量不多，且存在合作领域不广等问题。所以，在推进澜湄减贫合作过程中，需结合澜湄国家在减贫方面的实际需求情况，与 UNDP 等国际组织联合起来，研究健全 UNDP 国际科技特派员体系，实现共享经验、转移技术与人才合作的目的，切实处理好各个国家减贫工作中存在的共性问题。首先，支持我国经验丰富、技术优良的科技特派员积极"走出去"，与澜湄国家一起分享我国创新创业、科技扶贫经验，构建与所在区域实际相符的科技扶贫模式，在沿线国家中将我国科技扶贫方面积累的经验进行广泛推广。其次，将澜湄合作机制成员国技术精湛的科技人员聚集起来，打造一支特派员队伍，形成各方科技人才交流机制，引进各国在科技扶贫方面的经验、人才和技术。

二是建设科技扶贫示范园区，研发减贫技术并进行示范推广。1990 年，原农业部和科技部围绕减贫技术推广主题，联合"一带一路"沿线国家开展了一系列工作。中、老等国共同实施"替代种植合作"行动，采取技术援助为主、企业为主体的合作方式，一方面切实推动老挝产业多元化发展，深入推动了跨境产业合作；另一方面对老挝农民生活进行了改善，达到了减贫的目的。现阶段，需对该模式进行经验总结，充分把握好"一带一路"建设这一重大有利时机，加大减贫技术研发及示范推广的力度。建议充分运用科技扶贫示范园区这一平台，发挥企业主体作用，着重推广重点技术项目，和澜湄五个国家一起研究开发减贫技术，做好示范推广工作。在技术援助的基础上，提升减贫核心技术能力，为推动区域经济可持续发展创造有利的产业技术条件。与此同时，与澜湄国家进行战略合作，围绕所在区域产业发展方面碰到的问题进行技术攻关，同时做好示范推广工作，通过国际科技扶贫示范园区这一平台，有效聚集联合实验室等科学合作资源，打造以减贫合作发展为中心的澜湄科技扶贫新模式。

三是开展国际科技扶贫结对交流，共同探索科技支撑精准扶贫路径。我国幅员辽阔，贫困区域差异较大，其宗教、环境、资源与文化等亦存在不小的差异。从30余年科技扶贫的成果来看，在科技扶贫方面，各个地区均积累了与其人文环境、经济发展及自然条件相适应的经验。对澜湄各国贫困情况进行分析，其与中国贫困地区现状存在诸多共性。基于此，在开展澜湄合作机制建设时可加强与澜湄国家的技术战略合作，双方之间在培训、技术分享和研究探索等方面形成互助机制，共同研究出减贫致富的发展机制。

四是加强澜湄合作机制科技扶贫研究，共同推动理论和实践的进步。我们对现阶段澜湄合作机制成员国减贫现状研究情况进行分析，发现有针对性的研究内容较少。我们认为，可以借鉴"一带一路"建设帮助沿线国家减贫致富的经验，基于澜湄合作六国科技情况构建新智库，分享各国减贫致富经验与科研成果，实现各国成果共享与共赢。深入推动澜湄合作机制六个成员国在国家方面扶贫理论与研究的分享和探讨，建设科技扶贫人才智库。智库的建设可解决各国发展中人才短缺的问题，提升各国科技水平。对相关经验展开分析，是探讨未来科技扶贫办法的重要战略路径，实现互学互鉴，共同推动研究和实践的进步。

三、搭建减贫合作的旅游交流机制

开发旅游是实践证明有效的减贫方式之一，多数国家和地区都将旅游业作为减贫致富的有效手段，以此来提高贫困群体经济收入。从本质上看，旅游减贫是依托旅游产业发展的减贫方式，旅游减贫作用的发挥与当地旅游产业发展成效紧密相关。所以，各国应加强交流与合作，就旅游项目的开发制定更完善的规划，整合国际市场，拓展客户群体，为旅游项目吸纳更多的游客。

一是加强区域合作，建立利益联动机制。部分地区在开展旅游业时，虽将减贫作为核心目标，将旅游业作为提升当地经济水平的重要手段，但缺乏对各利益主体的平衡，甚至存在侵害当地贫困居民利益的情况，最终旅游收益多数都归于开发商和经营者，当地贫困居民并未因开发旅游业而脱贫致富。基于此，中国在澜湄区域共同开发旅游项目时，必须协调各方利益主体，做到合作共赢，激发各利益主体的参与热情，为旅游项目献计献策，保证各利益主体都能因旅游业的开发而获得收益。

二是加强旅游规划，优化旅游产业结构。在旅游业发展中，旅游资源的开发及利用占有重要地位。如果未能合理规划旅游资源，当地的生态环境、自然资源和民族人文风俗就会受到损害。部分学者将旅游业称为沙滩产业，将旅游业比作建立在沙滩上的建筑物，轻易就会倾塌，表明了旅游业的脆弱性，社会因素、经济因素和自然灾害等均会对旅游业发展带来较大影响。所以，一定要制定科学合理的发展规划，保证旅游业的稳定发展。在制定旅游规划时，要对当地社会环境、自然资源和人文风俗等进行综合考量。制定旅游规划还需对当地旅游资源展开科学调研，了解旅游线路、基础设施、旅游项目等，将其根据实际情况进行整合，提高开发质量，采取区域合作的方式突出当地旅游产业特色，避免重复建设、单一化建设等问题，提高旅游项目的丰富性，实现产业化。由于澜湄五国在领土上与中国接壤，所以人文风俗存在极大的相似性，均尊崇儒家文化，双方在文化思想上有更大的共同点，也可对其进行交流与沟通。可以理解为文化是中国和澜湄发展旅游的核心基础，以文化作为核心推动旅游业的发展，将其作为重要旅游项目进行开发和利用，在旅游业发展过程中，中国对澜湄各国的文化影响也会逐渐增强。

三是坚持可持续发展原则，保持旅游产业健康发展。旅游减贫的核心在于实现经济效益最大化，解决当地居民贫困问题。对旅游业发展现状进行分析可知，已有部分地区因旅游业的发展而脱贫致富，但是在旅游业发展中普遍存在资源粗放利用、急功近利和开发利用不合理等问题，这会导致贫困地区在实现短暂的经济提升后，又重新回到贫困状态，不能借助旅游业的开拓而实现长久稳定的发展，不符合可持续发展原则。在旅游业发展中，必须综合考量经济效益与环境保护，才能保证旅游发展的合理性与科学性，才会实现旅游业的可持续发展，使发展旅游业成为贫困地区减贫的有效手段。澜湄旅游协会基于旅游业的可持续发展需要制定了三项发展目标与规划，提出了澜湄旅游2011—2015年的旅游发展规划，通过旅游带动地区脱贫致富，为各成员国发展旅游指引了方向。基于此，澜湄各国在发展旅游业时，会平衡好经济效益与生态环境之间的关系，保证旅游业的可持续发展，将旅游业作为减贫致富的有效手段。

四是加强制度建设和机制整合，保证区域合作顺利进行。中国和澜湄各国在共同开发旅游项目时，以减贫作为基础目标，但是在合作中还存在限制性因素，例如签证环节繁琐、双边和多边联合旅游市场促销、旅游信息不对称以及出境游品质保证等，诸多问题需要双方旅游部门更深入地探讨制定出总体解决措施。中国—澜湄自由贸易区的建立及双方就减贫致富达成共识，共同为旅游业发展采取有效措施，在旅游发展机制与法律制度层面进行了建设与完善。例如，旅游发展规划提出，自2015年起，澜湄区域各国公民可以通过落地签方式入境，他国游客采取单一签证的方式等，解决了签证办理复杂与难度高的问题，提高了签证办理效率，游客的时间成本与经济成本都得到降低，进而促进游客出行，为当地旅游业吸引大批游客。

五是积极培养旅游人才，为区域旅游合作提供优秀人才。通过对贫困地区的梳理，可以发现，导致其经济滞后的原因比较多元，除地理位置以及自然资源之外，最为关键的一项因素就是人才匮乏。想要借助旅游这种方式真正实现减贫、脱贫的效果，需要关注旅游从业者的素质，这一点非常关键。但是，现实却是在贫困地区，旅游从业者普遍不具备较高的素质，大都是本地农民转行而来，知识和能力较低、思想封闭、意识落后，加上信息闭塞，在较短的时间内，基本不能够提高个体的综合素质；此外，贫困地区本身不具备良好的生活以及经济条件，对优秀人才也难以形成有力吸引。这也就意味着，在践行旅游减贫的过程中，不仅要关注自身旅游人才的培养，还要聚焦教育事业，这样才能立足于整体，提高本地居民以及从业者的职业素养。当然，还要聚焦优秀人才的引进，需要结合先进的管理方法，还要辅以各种优惠条件，这样才能成功地留住这些人才，使其更好地服务于本地旅游产业。就区位优势方面来看，作为中国—澜湄国家之间的合作桥梁，广西壮族自治区当前已经意识到人才在发展旅游产业方面的重要性，积极整合本地教育资源，并专设旅游人才培训基地，以现有的旅游从业者为对象，进一步提高其专业化水平以及职业素养。针对高级旅游人才等相关群体，成功组织了专门的培训班，进一步深化了双方之间的旅游合作关系，使其更好地服务于旅游减贫工作。

四、深化减贫合作的农业合作机制

极端贫困永远与饥饿现象相伴，消除饥饿必须夯实农业基础。澜湄国家消除极端贫困，从保障温饱的视角来看，要构建一个食物充足且贫困人口能够公平地获得食物的机制。因此，消除饥饿现象，既要增加澜湄国家的农业生产能力，又要改善澜湄国家的粮食供给和分配体系。中国参与澜湄国家减贫合作，一方面要充分发挥我国农业科学技术优势，加强与澜湄国家在农业领域的合作，夯实国际减贫合作的最重要基础；另一方面，需要将国内粮食供给和分配的经验和知识不断以正确的渠道或方式传递给澜湄国家。此外，也需要注重发挥农业领域的援助、投资和贸易的综合作用，鼓励私营部门和民间组织助力澜湄国家实现 2030 年消除极端贫困的目标。

在澜湄区域国家，农业和减贫占据着极其重要的地位，这一区域内农业人口占比较高，其重要经济来源主要聚焦于农作物以及农产品等，而且这部分区域的国家是联合国减贫的重要扶持对象，具有典型代表性的有柬埔寨、老挝等，在全世界范围内，其始终处于低发展状态。通过和中国之间的优势互补，不仅鼓励了其本地农业的发展，同时也能够搭建深度合作机制，帮助这些国家真正实现减贫的目的。《澜湄合作首次领导人会议三亚宣言》不仅标志着双方的首次合作，同时也明确了农业和减贫的重要地位。

一是执行澜湄可持续减贫合作五年计划。建立澜湄合作之后，在第二次领导人会议上制订了首个五年计划，正是以农业和减贫为对象。其中的农业合作计划主要涵盖了七项重要内容：其一，强化政策协调，建立联合实验室；其二，为双方合作建立农业信息网以及交流平台；其三，组织双方合作"村长"论坛；其四，保障农产品质量与安全，深化合作，有助于促进本地农产品贸易发展，也能够建设具有综合性的农产品市场，全面提高本地农产品在市场中的竞争实力；其五，聚焦动植物疫病疫情，建立预警监测机制，促进双方之间的联防联治合作；其六，以水资源为对象，建立合作养护机制以及交流机制，可有效加强对水产品等相关信息的共享，提高水产养殖能力，促进双方渔业合作；其七，建设农业产业合作园区，引导民间交流与合作，加强资金与技术投入。其中的减贫合作计划包含三方面重点内容：其一，落实第一个减贫五年合作计划，促进双方之间的知识以及经验交流；其二，组织"村官"交流以及项目培训，促进双方之间的联合研究、信息互通等，提高本地减贫能力；其三，启动减贫合作示范项目，并以此作为试点。

二是打造澜湄"统一农产品市场"。2018 年底，澜湄合作第四次外长会议发布的由六国智库共同撰写的《澜湄流域经济发展带研究报告》中，特别强调了农业和减贫问题，并对相关问题进一步细化，主要集中于以下方面：其一，落实并推广科技兴农，打造商业化农业生产模式，通过建设产业聚合体等多元化的方式，帮助现代农业提高发展水平，积极推进农业的可持续增长；其二，针对相关产业，必须要持续增加配套投资，重点聚焦于水产以及果树等领域；其三，打造联合实验室，实现双方农业技术与成果共享，建设农业示范基地；其四，打造消费者与农产品对接渠道，打造具有统一性、综合性的农产品市场；其五，提高动植物疫病等方面的防疫以及防控工作。打造智慧农业，建设农村电商平台，推进互联网和农业产业之间的深度融合。想要真正扶贫，就要以政府指导为前提，落实于企业实践，辅以非政府组织以及全社会的共同力量，打造多维减贫模型。在减贫工作实践中，不仅要建立专门的减贫数据库以及相关项目库，还要督促检查监督机制的建设以及落实情况，例如情况通报制度以及风险应对举措、补偿机制等。选择合适的农业项目在村一级进行推广，帮助农村地区积极应对粮食安全；合理选择中小项目，以此作为合作抓手，积极推动减贫工作的国际化合作。

三是澜湄国家组建了联合工作组，并在多个领域向纵深推进。就减贫工作这一方面来看，双方成功建立了工作组并举办了多次会议，使得深度合作能够在多领域实现向纵深推进。双方之间的合作当前已经成功脱离培育期，逐步进入稳定发展的成熟期，进一步扩大了合作空间。未来双方之间的合作重点，应当聚焦于农业的可持续发展。澜湄区域国家仍然是以农业为主的社会，虽已经出现向现代社会转型的萌芽，但主要依赖的产业仍然是传统的种植、畜牧业等，需要积极改变落后传统的生产观念，同时也需要得到足够的技术支持，更要将不同国家的不同需求与其整体发展目标实现深度融合，这样才能做到因地制宜，才能进一步提高扶贫能力建设。应当组建专业的培训团队，一方面可以提高农民的综合素质，另一方面也能够着力于技术项目的普及和推进，特别是一部分普及率较高、见效较为显著的项目，例如联合增殖放流等，以此提高区域农业水平以及减贫技术水平。

五、推进减贫合作的产能合作机制

实践已经证明，产业减贫是国际减贫中最有效的途径或方式。依据澜湄相关国家的法律框架和减贫发展的实际情况，可在产业集聚区及交通互联互通平台，优先在电网、电力、冶金、建材、配套工业、轻工纺织、汽车、医疗设备、水产品加工、可再生能源、水路交通、信息通信、可再生能源、农业以及农产品加工等领域进行产能合作。① 梳理和参照其他国际减贫合作机制，科学

---

① 人民网. 澜沧江—湄公河国家产能合作联合声明 [EB/OL]. (2016-03-24) [2020-02-28] http://yn.people.com.cn/n2/2016/0324/c372459-28000731.html.

设计减贫项目，做到有所侧重，防止出现重复投入的情况，避免出现无序竞争问题，充分利用好减贫资源。以基础设施建设为例，中国—东盟在交通方面达成深入合作。通过中小交通项目的落实，加强中国与澜湄各国之间的交通便利，实现互联互通。同时，落实"村村通"项目，解决贫困地区交通不便的问题。对于澜湄区域的各个国家而言，其财力的增长仍无法满足澜湄减贫合作在资金方面的需求，而投资对实现反贫困目标又具有决定性作用。主要国际机构在开展工作过程中，都将减贫作为一项重点内容，努力争取大量资源。为此，需对其贷款政策与澜湄区域项目需求进行深入分析，找到合作基本点，努力推动亚洲基础设施投资银行、亚洲开发银行、世界银行等国际金融机构的资金支持和援助，积极寻求国际减贫资金的多元化筹集渠道。

六、创新减贫合作的公共产品供给机制

公共产品提供方面的突破在于转变传统西方标准和规则。柬埔寨、老挝等一直是国际受援国，然而其可持续发展水平长期处于落后位置，这和西方国家强调超越主权、强调国内治理制度的同质化发展密切相关。"人类命运共同体"理念尊重澜湄区域国家的主权，照顾各国的舒适度，不提出超过成员国发展阶段的目标。在"人类命运共同体"理念下，澜湄区域不同国家的多样性和多元诉求以及不同政治制度理念之间的张力是协调并存的，各国可持续发展合作是在多元基础之上的共识。澜湄区域落实《2030 年可持续发展议程》目标是构建澜湄区域"命运共同体"的重要举措。"人类命运共同体"的目标协同将促进澜湄区域落实《2030 年可持续发展议程》目标。

一是深化可持续发展共同体，旨在促进澜湄各国经济社会发展，增进各国人民福祉，缩小本区域发展差距，共建面向和平与繁荣的澜湄国家"命运共同体"。

二是深化环境保护共同体，对接澜湄六国环境保护发展规划，制订和实施澜湄国家环境合作战略和绿色澜湄计划。中国与澜湄国家共同设立澜沧江—湄公河环境合作中心，标志着澜湄环境合作成为本地区"共商、共建、共享"新型区域合作机制的重要组成部分。

三是深化澜湄区域治理共同体，精心培育富有特色的澜湄合作文化，共建"团结互助、平等协商、互利互惠、合作共赢"的澜湄区域"命运共同体"，为在更广范围内构建"人类命运共同体"打下坚实的基础。

在 2018 年召开的第 21 次中国—东盟领导人会议上通过的《中国—东盟战略伙伴关系 2030 愿景》战略合作文件，表示欢迎中国在适当领域为东盟国家提供援助，以实现《2030 年可持续发展议程》目标，其中包括依据各自可持续发展目标消除各种形式贫困。中国减贫领域的成就有目共睹，可以与其他澜湄国家分享减贫经验并提供力所能及的帮助。

第十七章　推进中国与澜湄国家 "一国一策" 减贫合作策略

在进入 21 世纪之初，中国和东盟首脑会议发出的联合声明指出，"中国和东盟成员国将发展彼此之间的睦邻互信伙伴关系作为中国与东盟在 21 世纪关系的主要政策目标"。中国与澜湄各国或山水相连，或隔海相望，澜湄国家作为东盟十国当中重要的五国，减贫合作是未来中国构建与澜湄区域合作新型关系的重要领域。致贫的原因是复杂多样的，减贫的渠道也应该是多维的。中国自 1986 年开始有组织、有计划、大规模地开展开发式扶贫工作以来，一直坚持多维扶贫理念和路径。政府各个部门通过制定政策"组合拳"，着力解决贫困人口交通、电力、饮水、灌溉、教育、健康和住房等多方面的困难，最终使贫困人口多维综合减贫。这种多维综合减贫的成功经验应该成为澜湄国家消除贫困，特别是缓解多维度贫困的宝贵经验。澜湄国家之所以成为全球贫困的重灾区，诱发贫困的原因是多方面的，减贫的行动或解决贫困问题的方法也应该是多元的。中国在与澜湄国家减贫合作中，需要注重澜湄国家在生产、生活、教育、医疗、社会保障和文化等领域多维综合减贫的发展。

党的十八大召开之后，我国积极倡议构建"人类命运共同体"，该理论在我国战略研究与外交中反复出现。党的十八大报告强调：要让全人类对构建命运共同体形成共识，一方面追求所在国家的利益，另一方面也要考虑其他国家的合理关切，在推动所在国家发展的过程中实现各国协调发展的目的。习近平主席在对印度尼西亚进行国事访问时提出要共建"中国—澜湄命运共同体"，中国与澜湄各国在发展外交时引入对未来共同规划的探讨与渗透，绘制未来发展蓝图。换言之，我国在新时代对外减贫合作实践与理论创新中，"命运共同体"是一面鲜明的旗帜，是我国积极开展与澜湄区域减贫合作的一种重要方式。但是，在现实当中，澜湄国家经济发展理念存在差异，关于减贫问题的认知不尽相同。澜湄合作机制框架下的减贫合作应从国别入手，尊重湄公河国家的宗教信仰和文化观念，了解各成员国的社会生产生活习惯，制定出符合其经济发展偏好的减贫合作方案,有效推动减贫项目的顺利实施。

总体上,随着我国经济社会的发展,在全世界贫困治理中,目前中国针对澜湄国家的减贫手段发生了变化,由原来在社会经济发展方面提供援助,朝着与专项减贫交流合作有机结合的方向转变。中国与缅甸、柬埔寨和老挝三国在减贫项目上达成了深入合作,通过国家层面与群众的深入交流达成合作共识。对于重点项目,在设计过程中最大限度地采纳基层大部分群众的意见建议。从内容设计角度看,对贫困人口自身"造血"能力的培养较为重视。实施联合管理、中外合作的策略,对有关部门和官员减贫能力的提升与培养很有帮助。未来,作为澜湄合作机制框架下减贫合作的倡议方,中国需要对澜湄减贫合作项目的筹划和实施承担较多的国际义务。中国与澜湄各国不仅需要在坚持平等互惠和合作共赢理念的基础上,通过深化双边的投资和贸易等途径来达到益贫性增长和贫困治理目标,更需要根据澜湄各国贫困的实际情况,帮助各成员国平等参与合作机制中的减贫项目,构建以睦邻互信为基础的"一国一策"减贫合作框架,促成澜湄合作框架下减贫合作事项的全面实施。这是新时代中国与澜湄国家开展国际减贫合作的科学策略。

一、中柬减贫合作发展策略

(一) 民生领域减贫合作是重点

在中柬合作减贫工作中,其主要关注领域集中于具有生产性的基础设施,很少关注有利于改善民生的项目,而且资金相对较少,致使普通民众难以获得更直接、更充分的满足感,因此也影响了减贫合作的成效。随着合作的进一步推进,近年来,双方合作更多地聚焦于与民生、民惠直接相关的医疗、教育等其他方面。未来,双方在民生领域的合作范围需要进一步扩大。

(二) 产能合作是推进减贫合作的主要领域

在澜湄合作机制与"一带一路"倡议的共同倡导下,中国与柬埔寨在国际产能合作领域取得了显著成果,而通过中柬产能领域合作,柬埔寨有效地改善了国内贫困人口的生活,增加了社会就业机会。为了尽快帮助柬埔寨改变国内的落后贫困状态,在中柬产能领域合作继续推进的基础上,柬埔寨可以将国内的"四角战略"与澜湄合作机制中的产能合作规划进行结合,促成国内工业化水平的提升的同时为柬埔寨的社会经济发展提供资金支持。双方可以将产业园区建设设定为中柬产能合作的优先领域，开展以交通运输、电力网络以及信息通信领域为主的产能合作，引导柬方制定符合自身实际情况的产能合作规划和项目管理措施，使其更好地服务于澜湄流域国家减贫合作。在推进过程中，中、柬两国应以巩固和提升"全面战略合作伙伴关系"为导向，以落实澜湄合作机制框架下的产能合作为抓手，共同推进减贫合作的快速发展。具体来看，中国与柬埔寨应在夯实既有合作成果的基础上，继续利用澜湄合作机制的比较优势，集中力量发展生产并筛选重点合作项目，柬埔寨要充分发挥政府的主体作用，实现信息资讯的共享与交流，正确引导项目建设并最大限度地保障产能合作的进展实效，为中柬产能合作提供有力支持。

二、中老减贫合作发展策略

（一）完善"发展极"的减贫功能

就贸易方面来看，中老贸易的发展具有典型的不均衡以及不稳定等特征。首先，中国应当关注老挝的经济发展策略以及发展趋势，降低或消除双方投资准入门槛，推动信息以及资金等诸多维度的无障碍流动。这不仅能够为老挝打造发展空间，也能够使其贫困群体得到真正的实惠。其次，可以充分利用中老自贸区，一方面优化贸易结构，另一方面全面提高自贸区的利用效能。双方需要结合各自的真实国情平衡相关指标，使双方企业能够进一步提高对自贸区的利用效率。双边贸易的自由化，将进一步带动老挝的经济增长，帮助其增加社会福利。老挝更要紧抓这一有利契机，还要根据技术型经济增长的发展趋势，优化资源配置，加强技术培训，帮助贫困群体提高劳动能力，提高其劳动收入。此外，还应当关注出口，提高行业竞争力以及产品附加值等。从投资方面来看，更多的中国企业选择在老挝建厂，提供就业、增加收入，更好地服务于老挝的减贫工作。

（二）加强中老生态环境联合保护

生态环境保护不仅是减贫合作过程中的基本要求，也是未来深化中老双方减贫合作发展的重点。老挝的农业种植方式较为落后，主要通过焚烧热带植物的方式为耕种作物提供养分。这种传统的生产方式很难提高农民的收入，而且在浪费资源的同时极大地破坏了当地的自然环境。由于生态系统的循环变化直接受到人类活动的影响，建立自然保护区和进行环境监测的方式能够有效地进行资源环境保护。中国与老挝山水相依，陆上接壤的地缘位置为两国建立跨境生物多样性联合保护机制提供了条件，中国可以通过推进生态保护区的监测巡护管理体系建设，不断拓展跨境联合保护的合作区域，在珍稀濒危物种保护以及动物栖息地保护等领域进行积极的环境合作，帮助老挝保护自然生态环境并逐步改变贫困人口的落后生产习惯，由此推广可持续的绿色经济发展模式。这不仅可以为中老边境地区的生物多样性存续提供支撑，也可以为澜沧江—湄公河流域的跨境生态环境保护提供可资借鉴的范例。

（三）推动减贫合作制度创新

就减贫合作方面而言，双方应聚焦于以下层面：第一，优化并完善双边对话机制。对中国而言，应以开放的心态，促进官方以及民间交流通道的建设，推动各种减贫信息共享。第二，要从宏观的视角出发，根据老挝本地贫困区域的具体情况以及发展特点，制订合理的长期计划，为其协调发展提供指导。第三，双方应当以澜湄合作为框架，完善和减贫工作相关的法律法规，为减贫合作项目的建设以及推广提供指导和规范。双方不仅要利用本国的力量，还要充分发展各自优势，以此落实合作项目，建立科学的合作管理模式，使老挝民众真正得到实惠。第四，制定具有可行性的合作目标，落实实施细则，关注重点合作领域以及重点项目，完善保障机制等，使减贫工作能够严格遵循科学的规范来落实和执行。建立科学严格的监督及反馈机制，不仅有助于落实双方的资金使用，也有助于更好地监督项目进展，提高工作的透明度。此外，通过减贫工作积累的经验，必须要及时反馈，目的是更好地学习和宣传；针对失败经验也要进行反思总结，尽可能减少和降低不必要的损失。第五，应当建立减贫评估机制以及退出机制，因为合作减贫必然要经历一个漫长的过程，更要有始有终。通过相关机制的建立，不仅可以落实跟踪研判，也能够准确把握双方在减贫合作中的盲点，更好地解决其中所遭遇的各种问题。

三、中缅减贫合作发展策略

（一）推动基础设施联通建设

基础设施是国民经济发展的基础和先导要素，设施联通是取得澜湄国家合作成效的关键，自然也是影响缅甸减贫效果的关键。综合来看，缅甸现阶段基础设施不健全、不联通，其基础设施整体发展较为落后。在东南亚的天然气出口国中，缅甸油气开采区有百余个，为仅次于印度尼西亚的第二大出口国，但其炼油厂设备陈旧不堪，运输管道年久失修，油井设备维护不正常，油气储运和炼制的成本不断攀升，导致其产能无法满足社会日常生产和居民生活需要，时常出现燃料供给短缺的局面。虽然澜湄合作前期成果中有推动中缅在能源管道、交通运输和产业园区等项目的合作安排，且前期推动过程中缅甸基础设施已经得到很大改善，合作取得重要进展，但离满足缅甸实际需求还存在较大缺口。

2010年，中缅皎漂—昆明铁路工程项目签署合作协议。皎漂—昆明铁路是中缅共同实施的皎漂—瑞丽通道计划的一部分，铁路起于缅甸若开邦面对印度洋的皎漂深水港，从西南向东北贯穿缅甸中北部，经由云南瑞丽进入中国，直通昆明。这一工程难度小，可行性较高。铁路贯通后，将成为中国运送物资到海外的大通道，缅甸曼德勒和皎漂市将兴建许多堆货场，中国将在皎漂港投资兴建开发区。但是，2011年3月8日，中国商务部宣布，由于缅甸国内问题和铁轨尺寸差异，原定于2011年开工修建连接中缅两国的铁路线暂缓施工。2018年10月22日，缅甸交通与通信部跟中国中铁二院工程集团有限责任公司签署中缅铁路木姐—曼德勒段（缅甸境内起始段）铁路可行性研究备忘录。

虽然中缅铁路因为诸多包括政治原因在内的问题有较大反复，但是在澜湄合作机制统筹下，中国与缅甸双方就交通领域展开深入合作，推进公路、铁路等基础设施建设，实现双方互联互通应该是没有问题的。互联既能提高当地民众的生活水平，也有助于推动双边互利合作，还能够充分展现缅甸在澜湄合作机制中独有的经济走廊作用。另外，中国与缅甸合作安排项目当中，应优先考虑缅甸农村地区的基础设施与公共服务建设，以此推动减贫援助和减贫合作，解决基本的民生需求来提高贫困人群的生存指标，改善贫困地区的生产生活条件。

（二）推动以产能对接为主线的经济发展

经过40多年的改革开放，中国已处在高速发展状态，在科技、人才等诸多方面积累了极其雄厚的实力，已经步入全球产业链、价值链和供应链的中高端层次。缅甸虽然经济发展水平不高，但其自然资源较为丰富，以农业和矿业作为核心产业，对外贸易仍然是以初级工业制成品和低附加值的原料加工产品为主体出口货物，在全球产业链、价值链和供应链方面处于比中国更低的层次。因此，中国与缅甸经济发展水平和产业结构存在的客观差距，决定了两国在开展产能错位合作、产业转移对接方面拥有巨大的互补优势和协同效应，决定两国共同推动澜湄合作建设，不但可以生成"1+1＝2"的加和关系，更能够带来"1+1>2"的乘数效应。因此，以澜湄合作为载体，不仅促进了中缅之间的产业对接，也极大地推进了双方之间的共同发展，使两国民众都能够得到实惠，特别是缅甸进一步加速了工业化以及农业化发展进程，打造了规模和力度更大的产业链，推动了产业链以及价值链重构，扭转了传统的以原材料出口为主的产业结构和经济模式。

（三）加大援缅减贫示范合作技术援助力度

中国援缅减贫示范合作技术援助项目由中国国际扶贫中心与缅甸农业、畜牧业和水利部农村发展司合作，具体的实施单位为云南省国际扶贫与发展中心。中国援缅减贫示范合作项目不仅推动了澜湄合作机制框架下的减贫合作，对缅甸整体经济发展具有推动作用，对维护边境地区稳定具有积极意义，也为提升中缅双边关系增添了动力。未来中缅减贫示范合作项目应更加重视边境地区的扶贫工作，开展良种培育以替代种植项目，向缅甸民众传授先进的农业技术知识以保持粮食的充足供应。同时，为了继续改善缅甸贫困地区民众的生产生活条件，中国可以与缅甸共同分享减贫发展经验，加强对农村地区的基础设施建设与公共服务建设，进一步加大缅甸的民生建设力度，通过解决基本的民生需求来提高贫困人群的生存质量，改善贫困地区的生产生活条件。

四、中泰减贫合作发展策略

（一）增强政治互信

2017 年泰国宪法具有明显的"泰式民主"特征，因此在军方"还政于民"后，泰国政治主导地位归于王室，王室及其派系是决定泰国发展方向的重要力量。中国在与泰国展开国际减贫合作与协作时，需具备高屋建瓴意识，与泰国当权阶层就合作的利益归属达成共识，通过高层交往来带动基层群众的交流意愿，为双方的合作绘就壮美蓝图。泰国军方将权力外放，政府重新成为国家决策的主要力量，在国家决策中占据绝对性的主导地位。中泰减贫合作不仅体现在政府层面，还需加强民间的沟通与交流，加强与泰国各个党派之间的沟通。泰国民众都高度尊崇与敬爱泰国王室，所以高层之间应达成共识，在价值理念方面形成统一观念，对双方的整体减贫合作具有重要推进作用。

另外，政治互信也需要通过加大"一带一路"倡议及澜湄合作在泰国的影响力来提升。西方意识形态改变了当地主流媒体的报道形式与观念，传统媒体很难在舆论领域占据一席之地。但是，基于互联网的深入发展与普及，泰国新兴媒体成为重要舆论控制力量，为"一带一路"倡议及澜湄合作营造了宣传阵地。由此可知媒体在现今时代的重要性，应加强宣传渠道的拓展，推进智库建设，为中国文化及经济输出提供渠道，掌握舆论领域的主导地位，削弱"印太战略"所带来的负面影响，为中泰推进"一带一路"倡议及澜湄合作打造良好的舆论环境，提高其对"一带一路"倡议及澜湄合作机制的认同感。

（二）推进以中泰高铁为核心的基础设施建设

泰国目前也列出了较为详尽的计划，将国内发展计划与澜湄合作机制以及"一带一路"倡议进行结合，通过参与澜湄合作机制框架下的基础设施建设项目，尤其是想利用铁路建设项目，改善泰国整体较为落后的铁路系统，改变其设计标准和建设布局，提高铁路运输承载力，逐步实现与湄公河地区其他国家的互联互通，促进其国内农业、工业和服务业的稳定与协调发展，刺激经济增长并加快国内减贫事业的进展。

2019年9月，泰国官方宣布，从曼谷东北到呵叻府的高铁将在2023年开通。作为贯穿泰国境内，同时也连接中国与东南亚"泛亚铁路"中的一段，中泰铁路的修建主要通过中泰两国政府直接合作来完成。泰国方面制定了有关铁路建设的发展规划，中国方面则提供铁路施工的技术援助与资金支持，双方共同保障铁路建设项目的建设质量。曼谷—呵叻铁路是泰国的第一条标准轨高速铁路，这对泰国更新基础设施建设规划的推进具有重大意义。同时，通过完善中泰高铁沿线的基础设施建设，泰国能够有效实现客货运输量增加及运输效率的提高，对改变泰国农村地区贫困落后面貌、缩减城乡发展差距具有积极影响。

五、中越减贫合作发展策略

（一）增强政治互信

越南和中国都是社会主义国家，在发展思想、发展观念以及发展道路等诸多方面具有较高相似度，而且双方未来的发展也必定会密切相关。中国所提出的小康社会建设目标和越南所提出的基本建成工业化这一社会目标，具有突出的互通性以及互补性，所以，对于两国而言，应当基于政府层面，促进高层之间的互动、增加政治互信，妥善处理双方在贸易方面的合作分歧，可以制定新合作协议等，这样才能充分利用"一带一路"倡议及澜湄合作机制这一载体，才能够促进"两廊一圈"的建设与发展。双方还需要简化贸易及合作流程、规范等，打造良好的贸易环境，推动海、陆、空不同维度的合作以及发展，真正有助于扩大国内外市场，保障双方合作的深度、广度以及高度，有力维护双方之间的战略合作伙伴关系。

（二）进一步调整进出口贸易结构

针对出口产品，要进一步提高质量，更要优化不均衡的贸易结构。在越南，就近年来的对华贸易结构而言，呈现出典型的逆差现象，而且始终居高不下，这也成为越南政府最关注的核心重点问题，同时也引发了中国政府的关注。为了改善这一现象，越南政府制定了相应的政策以及举措，其中特别聚焦于高新电子产品以及具备高附加值的工业产品等，这也是政府积极鼓励和扶持的出口重点。但是，在此之前，越南向中国所出口的主要产品，主要集中于农产品以及原料比如蔬果、茶叶等，这些基础性产品的价值普遍较低。但是，其从中国进口的普遍都是高价值的产品，例如机械设备以及各种化工、电子产品等。

（三）深化中越跨境自贸区建设

越南对澜湄合作机制的发展态度较为积极，尤其重视澜湄合作机制中的经济合作项目，还参与了中越"两廊一圈"建设，并响应了"一带一路"倡议的号召，支持将自身发展规划与中方提出的"一带一路"倡议进行战略对接。中国应不断深化与越南跨境经济贸易方面的合作，以促进减贫合作深化发展。中越跨境经济合作区的发展规划始于2005年，旨在提升中越边境开放力度并带动区域性经济合作，涵盖跨境基础设施建设、跨境贸易及电子商务合作、跨境旅游等具体发展项目。目前，越南与中国的跨境通道建设取得积极成效，为中越跨境经济合作区的建设提供了便捷畅通的交通运输条件。中越跨境经济区的建设能够与澜湄合作机制的经济规划形成有机互动。随着澜湄合作的深入实施，中越应继续推进经济走廊的建设发展，提高边境口岸开放力度和贸易投资的开放程度，为减贫合作的深入提供坚实基础。目前中、越两国已经在边境地区建成了包括东兴—芒街、凭祥—同登、河口—老街和龙邦—茶岭在内的4个跨境经济合作区，对完善沿线基础设施以及提高区域互联互通水平产生了积极影响。在商议签署《中越跨境经济合作区建设共同总体方案》的背景下，中越两国今后应继续在跨境经济合作领域推行互惠政策，为边民互市创造有利条件。此外，中越双方要以协调发展为目标构建外向型产业体系，通过提高边境地区社会发展水平的方式帮助澜湄合作推进区域减贫工作。

（四）开拓和探索新领域的合作发展

对于中、越两国而言，在进行经济贸易的过程中，不能只关注传统领域，更要实现双方在深度、广度等诸多维度的进一步拓展。目前，需要积极开拓新兴领域：第一，在互联网、高科技等新型领域寻求合作契机，深化两国经贸合作；第二，进一步扩张两国在金融交易方面的业务范围，优化支付方式，提高金融市场的有序性以及规范性；第三，聚焦房地产领域，进一步挖掘投资潜力，打造投资优势。近年来，越南充分展现了其强劲的投资吸引力，吸引了大量的人才以及资金，特别是北宁省，其发展不仅领跑全国，而且促进了本地的繁荣，最令人瞩目的就是当地的房地产投资发展指数，既提高了本地的吸引力，也能够向其他国家的房地产投资者呈现积极的投资信号。

参考文献

［1］阿马蒂亚·森. 贫困与饥荒［M］. 王宇, 王文玉, 译. 北京: 商务印书馆, 2001: 20-45.

［2］康晓光. 中国贫困与反贫困理论［M］. 南宁: 广西人民出版社, 1995: 150-175.

［3］联合国开发计划署驻华代表处, 中国发展研究基金会. 中国人类发展报告2005: 追求公平的人类发展［M］. 北京: 中国对外翻译出版公司, 2005: 3-17.

［4］刘稚. 澜沧江—湄公河合作发展报告 (2018)［M］. 北京: 社会科学文献出版社, 2018: 41-73.

［5］卢光盛. 中国和大陆东南亚国家经济关系研究［M］. 北京: 社会科学文献出版社, 2014.

［6］王勤. 中国与东盟经济关系新格局［M］. 厦门: 厦门大学出版社, 2003: 165.

［7］阎学通, 孙学峰. 国际关系研究实用方法［M］. 北京: 人民出版社, 2007: 32-51.

［8］世界银行. 1990年世界发展报告: 与贫困做斗争［M］. 翻译组, 译. 北京: 中国财政经济出版社, 1990: 127.

［9］世界银行. 2000/2001年世界发展报告［M］. 翻译组, 译. 北京: 中国财政经济出版社, 2001: 179.

［10］中国社会科学院国家全球战略智库, 国家开发银行研究院. 国际减贫合作构建人类命运共同体: 中外联合研究报告 (No. 5)［M］. 北京: 社会科学文献出版社, 2019: 73-99.

［11］OSCAR LEWIS. The Culture of Poverty［J］. Scientific American, 1966 (4): 19-25.

［12］王晓云. "一带一路"视角下国际减贫合作机制研究: 以中非减贫

事业为例 [J]. 环球瞭望, 2018 (11): 35-41.

[13] 王雨林. 中国农村贫困与反贫困问题研究 [M]. 杭州: 浙江大学出版社, 2008: 13.

[14] 吴忠. 国际减贫理论与前沿问题 [M]. 北京: 中国农业出版社, 2010: 69-70.

[15] 张伟新. 市场化与反贫困路径选择 [M]. 北京: 中国社会科学出版社, 2001: 15-37.

[16] 朱玲, 蒋中一. 以工代赈与缓解贫困 [M]. 上海: 格致出版社, 上海三联书店, 上海人民出版社, 1994: 3-41.

[17] 百利友, 张飞. 精准扶贫: 贫困治理的"中国样本"与"中国经验" [J]. 西北民族大学学报 (哲学社会科学版), 2018 (4): 134-140.

[18] 白如纯. "一带一路"背景下日本对大湄公河次区域的经济外交 [J]. 东北亚学刊, 2016 (3): 32-38.

[19] 蔡生菊. 基于贫困代际传递理论的贫困困境及反贫困策略 [J]. 天水行政学院学报, 2015, 16 (5): 67-71.

[20] 陈刚华, 母锡华. 中国 (大西南) 在大湄公河次区域合作中的战略研究 [J]. 贵州社会科学, 2009 (8): 51-55.

[21] 陈劲, 尹西明, 赵闯, 朱心雨. 反贫困创新: 源起、概念与框架 [J]. 吉林大学社会科学学报, 2018, 58 (5): 33-44、204.

[22] 陈铁水. GMS 执行机制的选择与构建 [J]. 经济问题探索, 2007 (7): 88-93.

[23] 陈昕. 大湄公河次区域东西经济走廊发展研究与借鉴 [J]. 管理世界, 2012 (12): 179-180.

[24] 陈衍德. 贫困与东南亚国家的民族动乱: 全球化进程中的经济—文化抗争 [J]. 世界民族, 2006 (2): 27-32.

[25] 戴永红, 曾凯. 澜湄合作机制的现状评析: 成效、问题与对策 [J]. 国际论坛, 2017, 19 (4): 1-6、79.

[26] 段杰, 况颖. 中国对外直接投资对大湄公河次区域国家经济发展影响研究 [J]. 世界地理研究, 2018, 27 (4): 11-20.

[27] 段世江, 石春玲. "能力贫困"与农村反贫困视角选择 [J]. 中国人口科学, 2005 (S1): 100.

[28] 高永刚. 在大湄公河次区域合作 (GMS) 框架下积极利用亚洲开发银行项目支持的对策研究 [J]. 东南亚纵横, 2014 (6): 21-23.

［29］郭延军. 大湄公河次区域经济合作的新进展及评估［J］. 东岳论丛,
2011, 32（4）：130-132.

［30］郭振雪. 大湄公河次区域合作国内外研究：回顾与分析［J］. 东南亚
纵横, 2013（9）：72-78.

［31］贺嘉洁. 角力湄公河：中国、日本和印度在湄公河次区域的基础
设施投资比较研究［J］. 东南亚纵横, 2019（4）：22-29.

［32］华坚, 张瑶瑶. 湄公河五国对接中国产业转移能力的时空分异［J］.
经济地理, 2019, 39（5）：10-18.

［33］黄德春, 孟敏, 张长征, 竺运. 中国对湄公河流域国家 OFDI 的出口
效应研究：基于东道国投资环境的影响［J］. 广西社会科学, 2019（1）：58-64.

［34］黄河, 杨海燕. 区域性公共产品与澜湄合作机制［J］. 深圳大学学报
（人文社会科学版）, 2017（1）：132.

［35］黄炎. 澜沧江—湄公河流域水资源国际合作的动因、基础与路径
选择［J］. 国际法研究, 2019（2）：50-62.

［36］洪泽伟. 老挝参与大湄公河次区域合作问题析论［D］. 长春：东北
师范大学, 2014.

［37］胡列曲, 孙兰, 丁文丽. 大湄公河区域国家经济金融一体化实证
研究［J］. 亚太经济, 2011（5）：26-31.

［38］胡鞍钢. 顶层设计与"摸着石头过河"［J］. 人民论坛, 2012（9）：
28-29.

［39］胡迎春. 澜湄农业和减贫合作的进展及前景［J］. 农业发展与金融,
2019（6）：16-17.

［40］蒋圆圆. 吸收能力差异对 FDI 技术溢出影响综述［J］. 特区经济,
2017（4）：81-82.

［41］兰良平. 中国的澜沧江—湄公河合作研究：概况与热点［J］. 东南亚
纵横, 2019（4）：40-48.

［42］李晨阳. 澜沧江—湄公河合作：机遇、挑战与对策［J］. 学术观察,
2016（1）：24.

［43］李立民. "两廊一圈"战略定位与区域关系探讨［J］. 广西大学学报
（哲学社会科学版）, 2006（6）：11-14.

［44］李平. 大湄公河次区域（GMS）合作 20 年综述［J］. 东南亚纵横,
2012（2）：34-38.

［45］李睿, 肖克平. 中国、老挝、缅甸和泰国澜沧江—湄公河国际航运

现状及未来发展趋势研究 [J]. 东南亚纵横，2019 (5)：58-65.

[46] 刘畅. 澜湄合作：产能合作新机遇 [N]. 21 世纪经济报道，2018-01-17 (004).

[47] 柳多恩. 韩国参与湄公河地区发展政策研究 [D]. 昆明：云南大学，2019.

[48] 刘猛. 减贫合作与中国—东盟命运共同体的构建 [J]. 攀登，2017 (4)：14-16.

[49] 刘均胜. 澜湄合作：示范亚洲命运共同体建设 [J]. 中国经济周刊，2016 (4)：25-32.

[50] 刘稚. 澜湄合作的重要意义及其发展方向 [J]. 云南大学学报（社会科学版），2017, 16 (5)：93.

[51] 梁斌. 反贫困的理论依据、现实挑战与对策分析 [J]. 中共太原市委党校学报，2019 (3)：22-24.

[52] 梁双陆. 共建、共享、共治：澜湄流域水资源利益共同体的构建 [N]. 中国社会科学报，2018-07-10 (004).

[53] 林昱辰，潘玉君，韩磊. 澜沧江—湄公河合作研究的知识图谱与研判：基于 CiteSpace 的文献计量分析 [J]. 曲靖师范学院学报，2019, 38 (3)：78-85.

[54] 卢光盛. 全方面推进澜湄国家命运共同体建设 [N]. 中国社会科学报，2020-07-09 (008).

[55] 卢光盛，吴波汛. 人类命运共同体视角下的"清洁美丽世界"构建：兼论"澜湄环境共同体"建设 [J]. 国际展望，2019, 11 (2)：64-83、151-152.

[56] 卢光盛，金珍. "澜湄合作机制"建设：原因、困难与路径 [J]. 战略决策研究，2016 (6)：33.

[57] 卢光盛，熊鑫. 周边外交视野下的澜湄合作：战略关联与创新实践 [J]. 云南师范大学学报（哲学社会科学版），2018, 50 (2)：27-34.

[58] 罗圣荣，苏蕾. 澜湄合作与大湄合作的比较及启示 [J]. 和平与发展，2019 (1)：47-64、133-134.

[59] 罗春霞. "一带一路"环境下日本和大湄公河次区域经济贸易往来研究 [J]. 科学咨询（科技·管理），2019 (2)：54.

[60] 毛胜根. 大湄公河次区域合作：发展历程、经验及启示 [J]. 广西民族研究，2012 (1)：155-163.

［61］莫光辉，于泽堃. 国际区域减贫合作模式探索［J］. 领导之友，2016（9）：18.

［62］聂常虹，陈彤. 贫困与反贫困：2019年度诺贝尔经济科学奖获奖工作评述［J］. 管理评论，2019，31（10）：3-9.

［63］彭刚. 中国正在为全球减贫事业提供重要镜鉴［J］. 人民论坛，2020（2）：38-41.

［64］彭志荣. 澜湄合作机制背景下中国与老挝的经贸合作研究［J］. 广西社会科学，2017（6）：44-47.

［65］任明哲. 澜沧江—湄公河次区域国家人文交流：现状、基础与挑战［J］. 东南亚纵横，2019（3）：21-27.

［66］任娜，郭延军. 大湄公河次区域合作机制：问题与对策［J］. 战略决策研究，2012，3（2）：61-66.

［67］全毅. 中国—东盟澜湄合作机制建设背景及重要意义［J］. 国际贸易，2016（8）：29-34.

［68］尚玥佟. 发展中国家贫困化理论与反贫困战略［D］. 北京：中国社会科学院研究生院，2001.

［69］沈铭辉. 大湄公河次区域经济合作：复杂的合作机制与中国的角色［J］. 亚太经济，2012（3）：13-18.

［70］宋清润. 澜沧江—湄公河合作：次区域合作新典范［J］. 中国报道，2019（8）：29-31.

［71］谭清华. 中国减贫70年：历程、经验与意义［J］. 理论导刊，2019（11）：11-16.

［72］陶爱萍，常丹砚，蒯鹏. 包容性创新减贫效应研究［J］. 统计与决策，2019，35（22）：97-100.

［73］田昕清. 澜湄合作框架下的贸易和投资便利化研究［J］. 国际问题研究，2018（2）：55-67.

［74］田泽，陈杭盛，宋瑞杰. "一带一路"背景下中国与澜湄五国双边贸易关系研究［J］. 广西财经学院学报，2020，33（1）：6-16.

［75］许汉泽. 新中国成立70年来反贫困的历史、经验与启示［J］. 中国农业大学学报（社会科学版），2019，36（5）：45-52.

［76］许竹青，毕亮亮. 加强"一带一路"科技扶贫 推动沿线国家减贫发展［J］. 科技中国，2018（8）：58-60.

［77］任慕，彭旭. "人类命运共同体"背景下澜湄合作机制的推进路径

与中国角色 [J]. 经济视角, 2019 (3): 87-94.

[78] 王蓓蓓. FDI 所有权结构及其技术溢出效应分析 [J]. 商业经济研究, 2016 (22): 174-176.

[79] 王敏正. 论大湄公河次区域合作在中国—东盟自由贸易区建设中的重要载体作用 [J]. 云南财贸学院学报, 2003 (3): 88-93.

[80] 王三秀, 罗丽娅. 国外能力贫困理念的演进、理论逻辑及现实启示 [J]. 长白学刊, 2016 (5): 120-126.

[81] 王庆忠. 日本介入大湄公河次区域合作及中国的战略应对 [J]. 当代世界, 2014, (5): 67-69.

[82] 王庆忠. 大湄公河次区域合作: 域外大国介入及中国的战略应对 [J]. 太平洋学报, 2011, 19 (11): 40-49.

[83] 王小林, 刘倩倩. 中非合作: 提高发展有效性的新方式 [J]. 国际问题研究, 2012 (5): 69-81.

[84] 王志章, 郝立. 中国与东盟反贫困合作路径研究 [J]. 广西社会科学, 2017 (1): 38-42.

[85] 韦斯斯. 澜湄产能与投资合作的成效、机遇及政策建议 [J]. 中国经贸导刊, 2019 (23): 35-38.

[86] 吴桂林, 李克强, 吕燕. "一带一路" 背景下东南亚澜湄合作国家资源承载与经济发展的耦合评价研究 [J]. 生态经济, 2018, 34 (10): 47-51.

[87] 吴宗敏, 吴宇. 全球贫困治理的深化与中国的实践创新 [J]. 江苏大学学报 (社会科学版), 2019, 21 (1): 19-27.

[88] 夏禹龙, 刘吉, 等. 梯度理论和区域经济 [J]. 科学学与科学技术管理, 1983 (3): 5-6.

[89] 熊彬, 陈英. 中国对大湄公河次区域直接投资的碳排放效应分析 [J]. 生态经济, 2018, 34 (7): 20-24.

[90] 谢少华, 胡列曲, 方俊智. 基于 AHP 的中国境外经贸合作区金融支持评价研究: 以澜湄流域四个合作区为例 [J]. 创新, 2018, 12 (5): 58-68.

[91] 谢来辉. 试析美国重返亚太的战略 "软" 维度: 湄公河区域气候合作的意义与挑战 [J]. 辽宁大学学报 (哲学社会科学版), 2014, 42 (1): 27-33.

[92] 薛宝贵, 何炼成. 反贫困的理论依据、挑战与对策 [J]. 青海社会科学, 2016 (5): 117-122.

[93] 颜欣, 王永刚. 整体与个体: 东南亚湄公河五国发展与东盟一体化 [J]. 广西社会主义学院学报, 2018, 29 (4): 103-108.

［94］杨爱平，吕志奎．大湄公河"次区域"政府合作：背景与特色［J］．中国行政管理，2007（8）：95-98.

［95］杨倩．大湄公河次区域经济合作（GMS）的制度化问题研究［J］．现代经济信息，2012（7）：318-320.

［96］杨达，李超．"一带一路"生态环境风险防范的绿色治理路径创新：以澜沧江—湄公河次区域为例［J］．探索，2019（5）：184-193.

［97］杨先明，黄宁．大湄公河次区域合作的能力结构与FDI［J］．东南亚纵横，2007（3）：43-47.

［98］杨祥章．大湄公河次区域合作与泛北部湾经济合作比较研究［J］．东南亚纵横，2010（3）：73-78.

［99］尹君．美国非政府组织参与湄公河流域国家社会治理的机制研究［J］．南洋问题研究，2019（3）：41-50.

［100］于宏源，汪万发．澜湄区域落实2030年可持续发展议程：进展、挑战与实施路径［J］．国际问题研究，2019（1）：75-84.

［101］翟洪波，姜远标．澜沧江—湄公河林业合作的现状与未来［J］．西部林业科学，2019，48（3）：157-161.

［102］张海琳．"一带一路"背景下澜湄旅游目的地品牌跨境共建［J］．社会科学家，2019（12）：101-104+111.

［103］张静，朱玉春．产业融合、社会资本和科技创业减贫［J］．农业技术经济，2019（11）：74-82.

［104］张赛玉．习近平贫困治理重要论述探略［J］．中北大学学报（社会科学版），2019，35（2）：72-77.

［105］张成霞．中国与老挝高等教育交流合作回顾与展望［J］．东南亚纵横，2017（3）：31-34.

［106］张晓颖，王小林．参与全球贫困治理：中国的路径［J］．国际问题研究，2019（3）：125-136.

［107］张勇华，师佳英．澜湄合作对我国经济发展的影响到实证分析［J］．时代金融，2018（33）：10-11.

［108］赵美艳，张屹．次区域经济合作中的大国对外援助：中、日、美三国对澜湄合作机制的影响［J］．学术探索，2019（2）：40-44.

［109］张强，邵琛霞．大湄公河次区域（GMS）交通运输合作问题探析［J］．西南林业大学学报（社会科学），2018，2（1）：96-100.

［110］张守营．大湄公河次区域合作"外部主导"问题凸显［N］．中国

経济导报，2012-07-12（B03）.

[111] 赵曦. 人力资本理论与反贫困问题研究 [J]. 改革与战略，1997 (4)：9-13.

[112] 左停. 贫困的多维性质与社会安全网视角下的反贫困创新 [J]. 社会保障评论，2017，1 (2)：71-87.

[113] 郑国富. 中柬双边经贸合作对柬埔寨国内经济增长效应的实证研究 [J]. 湖南商学院学报（双月刊），2013 (6)：45-49.

[114] 郑先武，封顺. 湄公河计划的区域合作实践与"湄公精神" [J]. 东南亚研究，2018 (6)：1-27、147-148.

[115] 邹春萌."一带一路"背景下中国与湄公河国家产能合作：制约因素与发展途径 [J]. 云南大学学报（社会科学版），2017，16 (4)：114-121.

[116] 周民良. 贫困、环境与可持续发展 [J]. 中国地质大学学报（社会科学版），2007 (5)：2-3.

[117] 周士新. 澜沧江—湄公河合作机制：动力、特点和前景分析 [J]. 东南亚纵横，2018 (1)：70-76.

[118] 周怡. 贫困研究：结构解释与文化解释的对垒 [J]. 社会学研究，2002 (3)：54.

[119] 朱丹，王珂，徐红罡. 中国出境游对构建国家软实力的影响与实施路径：基于澜湄次区域的研究 [J]. 世界地理研究，2018，27 (4)：45-56.

[120] 朱杰进，诺馥思. 国际制度设计视角下的澜湄合作 [J]. 外交评论（外交学院学报），2020，37 (3)：45-68、5-6.

[121] 黄承伟. 习近平扶贫论述对马克思主义反贫困理论的原创性贡献及其历史性世界意义 [OL]. http://kns. cnki. net/kcms/detail/61. 1329. C. 20191224. 1732. 002. html.

[122] ABUGRE C. Criticism of the RPSPs: Still Sapping the Poor: A critique of IMF poverty reduction strategies [J/OL]. Global Exchange, 2000 (7): 79-90 [2020-06-27]. http://www.globalexchange.org/campaigns /wbimf/imf0600. html.

[123] ADAMS JR, R H, PAGE, etc. Poverty, inequality and growth in selected middle east and North Africa Countries, 1980—2000 [J]. World Development, 2003, 31 (12): 2027-2048.

[124] ATURUPANE H, GLEWWE P, ISENMAN, etc. Poverty, human development, and growth: An emerging consensus? [J]. Amecian Economic Review, AEA Papers and Proceedings, 1994, 84 (2): 244-249.

［125］ ARSENIO M BALISACAN, ROSEMARIE G EDILLON, SHARON FAYE A PIZA. Rural Poverty in Southeastern Asia: Issues, Policies, and Challenges ［J］. Asian Journal of Agriculture and Development, 2005, 2 (1-2): 24-37.

［126］ BHAGWATI J, SRINIVASAN T. Trade and poverty in the poor countries ［J］. Amecian Economic Review, AEA Papers and Proceedings, 2002, 92 (2): 180-183.

［127］ BHATTA S D. Are inequality and poverty harmful for economic growth? Evidence from metropolitan areas of the United States ［J］. Journal of Urban Affaires, 2001, 23 (3-4): 335-359.

［128］ ESCOBAL J. The determinants of nonfarm incomedifersification in rural Peru ［J］. World Development, 2001, 29 (3): 497-508.

［129］ EVELYN GOH. China in the Mekong River Basin: the Regional Security Implications of Resource Development on the Lancang Jiang ［J］. RSIS Working paper, Singapore: Nanyang Technological University, 2004 (69): 1-27.

［130］ FRANKEL J, ROMER D. Does trade cause growth ［J］. American Economic Review, 1999, 89 (3): 280-321.

［131］ FELIX K CHANG. The Lower Mekong Initiative &U. S. Foreign Policy in Southeast Asia: Energy ［J］. Environment&Power, 2013, 1 (24): 282-299.

［132］ GOULDIE A, LADD P. Economic growth and poverty and inequality ［J］. Journal of International Development, 1999 (11): 177-195.

［133］ GUANGSHENG LU. Lancang-Mekong Cooperation: How Did It Emerge from All Multilateral Mechanism? ［J］. China and the World, 2016 (3): 20-23.

［134］ GUSTAFSSON B, LI S. Inequality in China at the End of the1980s : Locational Aspects and Household Characteristics ［J］. Asian Economic Journal, 1998 (3): 35-63.

［135］ HARPER C MARCUS R. Enduring Poverty and the Conditions of Childhood: Lifecourse and Intergenerational Poverty Transmissions ［J］. World Development, 2003, 31 (3): 535-554.

［136］ HJORTH P. Knowledge development and management for urban poverty alleviation ［J］. Habitat International, 2003 (27): 381-392.

［137］ JAYANT MENON. Building Blocks or Stumbling Blocks? The GMS and AFTA in Asia ［J］. ASEAN Economic Bulletin, 2007 (2): 256.

［138］ MINGYUE LIU, XIAOLONG FENG, SANGUI WANG, HUANGUANG

QIU. China's poverty alleviation over the last 40 years: successes and challenges [J]. Australian Journal of Agricultural and Resource Economics, 2020, 64 (1).

[139] NGUYEN DINHSACH. The Lancang Mekong Cooperation Mechanism (LMCM) and Iplicataret of The Mekong Subregion, Vol. 18, etc. a working paper on the Lancang Mekong Coperation Mechanism [J]. WPI, 2018, 1 (1): 7.

[140] VENKATARAMANA SRIDHAR, HYUNWOO KANG, SYED A ALI. Human-Induced Alterations to Land Use and Climate and Their Responses for Hydrology and Water Management in the Mekong River Basin [J]. Water, 2019, 11 (6).

[141] SAMPHANTHARAK KRISLERT. The Rise of China and Foreign Direct Investment from Southeast Asia [J]. Joumal of Current Southeast Asian Affairs, 2011, 9 (15): 65-75.

[142] 王士录. 大湄公河次区域合作：经济合作呼唤文化合作 [C] // 中国东南亚研究会, 云南大学 (李一平, 刘稚). 东南亚地区研究学术研讨会论文集. 厦门：厦门大学出版社, 2011: 331-357.

[143] 李梦. "一带一路" 倡议下中国与湄公河国家的政治互信问题研究 [D]. 武汉：华中科技大学, 2018.

[144] 苏周. 价值链分工下大湄公河次区域制造业企业升级路径研究 [D]. 昆明：昆明理工大学, 2018.

[145] 罗圣荣. 澜湄次区域国际减贫合作的现状、问题与思考 [J]. 深圳大学学报 (人文社会科学版), 2017, 34 (3): 106-112.

[146] 赵青海. 中国与东盟 "10+1" 框架下的减贫国际合作与周边外交 [R]. IPRCC 研究报告, 2015 (1).

[147] 商务部. 日本承诺拨款 74 亿美元开发湄公河流域基础设施 [DB/OL]. (2012-04-08) [2020-02-28] http: //www. mofcom. gov. cn/aarticle/i/jyjl/j/201204/20120408084844. html.

[148] 王雪. 中国老挝推进减贫合作 [EB/OL]. (2013-09-11) [2017-08-30]. http: //www. Chinanews. com/df/2013/09-11/5272680. shtml.

[149] 亚洲开发银行. 中华人民共和国减贫与区域合作基金 [EB/OL]. [2017-09-27]. https: //www. adb. org/zh/site/funds/funds/prc-regional-cooperation-and-poverty-reduction-fund.

[150] 亚洲开发银行官网. http: //www. adb. org/publications/series/basic-statistics.

[151] 新华网. 李克强在第十七次中国—东盟 (10+1) 领导人会议上的

讲话（全文）［EB/OL］.［2020-02-22］http：//www. xinhuanet. com//world/
2014-11/14/c_ 1113240171. htm.

［152］About Mekong-Ganga Cooperation MGC［EB/OL］.（2017-03）
［2020-03-18］http：//www. mea. gov. in/aseanindia/about-mgc. htm.

［153］中华人民共和国中央政府网. 李克强在澜沧江—湄公河合作第二次
领导人会议上的讲话［EB/OL］.（2020-02-20］. http：//www. gov. cn/
guowuyuan/2018-01/11/content_ 5255425. htm.

［154］于军. 新华网评：中国外交新理念的又一重大实践［EB/OL］.
（2014-11-24）［2020-02-21］http：//www. huaxia. com/xw/mttt/2014/11/
4162714. html.

［155］人民网. 澜沧江—湄公河国家产能合作联合声明［EB/OL］.（2016
-03-24）［2020-02-28］http：//yn. people. com. cn/n2/2016/0324/c372459-
28000731. html.

［156］新华网. 习近平：让命运共同体意识在周边国家落地生根［EB/
OL］.（2013-10-25）［2020-02-09］http：//www. xinhuanet. com//politics/
2013-10-25/c_ 117878944. htm.

后　记

　　著作撰写暂告一段落，但是对中国与澜湄国家减贫合作的研究似乎才刚刚打开了巨大空间，未来需要更多的学界同行对与澜湄国家减贫合作理论和实践予以长期关注和深入思考。

　　在本书写作过程当中，王洪涛同志负责拟定著作撰写的框架，并负责撰写第一篇、第三篇、第五篇和第六篇的内容，凌静怡同志负责撰写第二篇和第四篇的内容，校稿工作由两人分工完成。

　　感谢广西财经学院经济与贸易学院温雪副教授，她在研究过程中搜集了大量资料与数据，尤其是湄公河流域五国的相关资料搜集较为困难，她不辞劳苦，通过各种渠道和途径完成了前期研究的资料搜集与整理工作。感谢广西财经学院商务外国语学院苏健副教授、吴洁教授、黄科副书记、黄映秋教授、自正权副教授、周子伦副教授、容向红老师、郑晶晶博士、蓝肖丽老师，广西财经学院海上丝绸之路与广西区域发展研究院黄秀梅老师，广西财经学院经济与贸易学院罗婷博士，他（她）们既是下面提到的两个课题或项目申请立项时的团队成员，也是在课题研究框架拟定过程中的主要参与者和思想贡献者，在此一并致谢！

　　需要特别声明的是，本专著受到广西财经学院海上丝绸之路与广西区域发展研究院课题"国际减贫视域下中国与澜湄国家减贫合作问题研究"（课题编号：2019ZD002）经费支持，也受到广西财经学院商务外国语学院2020年度学科项目"'一带一路'沿线国家与区域发展研究"（课题编号：SW202003）经费支持，在此谨致谢忱！

　　由于写作时间仓促，书稿未经仔细打磨，不足与谬误之处在所难免，敬请广大读者批评指正！

王洪涛　凌静怡

2020 年 9 月 18 日